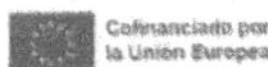

Consejería de Empleo, Empresa y Trabajo Autónomo

Orientación básica laboral

Editado por:
EDITORIAL FAE, S.L.U.
Correo electrónico: editorial@editorialfae.com

Orientación básica laboral

Lydia Marín Montis
Susana Rosa Rombolá
Victoria Parra Hernández

1ª Edición

ISBN: 978-84-1135-168-3

Impreso en España

Presentación

Ficha técnica del curso

El presente manual desarrolla el contenido teórico de la acción formativa "Orientación primera fase".

La acción formativa cuenta con una duración de 10 horas que se distribuye según lo expuesto en el siguiente índice.

Índice

Módulo 1. Orientación primera fase

RESUMEN

GLOSARIO

Introducción

En el competitivo mundo laboral, la búsqueda de empleo se ha convertido en un proceso complejo que demanda no solo habilidades técnicas y experiencia, sino también un profundo autoconocimiento, una estrategia sólida de presentación personal y la capacidad de gestionar adecuadamente las emociones. La confección de un currículum vitae efectivo, la preparación para entrevistas de trabajo y la gestión emocional durante todo el proceso son aspectos fundamentales para destacar entre la multitud de candidatos y asegurar oportunidades profesionales satisfactorias.

La necesidad de comprender las propias fortalezas y debilidades, así como la identificación de oportunidades y amenazas en el entorno laboral, es el primer paso en este camino. A través de herramientas como el análisis DAFO (Debilidades, Amenazas, Fortalezas y Oportunidades), los aspirantes pueden realizar una introspección efectiva que les permita definir su dirección profesional de manera más clara y precisa.

Además, la redacción de un objetivo profesional bien definido y la creación de un perfil profesional convincente son aspectos esenciales para destacar entre los demás aspirantes.

La preparación para entrevistas y gestión emocional tiene como objetivo proporcionar a los participantes las herramientas, estrategias y habilidades necesarias para navegar con éxito el complejo y desafiante panorama laboral actual, maximizando así sus oportunidades de desarrollo profesional y realización personal.

Objetivos

- Utilizar herramientas como el análisis DAFO para comprender fortalezas, debilidades, oportunidades y amenazas, facilitando así la identificación de habilidades y competencias.
- Establecer metas claras y realistas en términos de carrera profesional, mediante la definición de un objetivo profesional acorde a las aspiraciones y habilidades individuales.
- Crear un perfil profesional sólido que destaque las competencias y propuesta de valor única de cada individuo, esencial para diferenciarse en el mercado laboral.
- Comprender la estructura y los diferentes tipos de currículums, así como utilizar herramientas como Canva para crear currículums creativos y atractivos.
- Familiarizarse con los portales de empleo más relevantes, aprender a registrarse, subir el currículum y buscar ofertas de empleo acordes al perfil profesional.
- Entender el proceso de selección, los tipos de entrevistas y cómo prepararse adecuadamente para cada una de ellas, incluyendo la redacción de cartas de motivación y la adaptación del currículum a las ofertas específicas.
- Desarrollar habilidades de inteligencia emocional para gestionar la ansiedad, mantener la motivación y potenciar la autoconfianza durante la búsqueda de empleo, incluyendo técnicas de mindfulness para superar obstáculos.

1. Creación de un currículum

Crear un curriculum vitae puede ser una tarea fundamental para destacar tus habilidades y experiencia ante los empleadores.

El frecuente empleo aislado del primer elemento de la locución "curriculum vitae" ha dado lugar al latinismo adaptado currículum, que como palabra española debe escribirse con tilde.

1.1. Autoconocimiento personal: herramienta básica para el autoconocimiento: DAFO

Antes de iniciar cualquier proyecto a nivel personal y/o profesional, es fundamental realizar una reflexión sobre nosotros mismos para conocernos. Tomar conciencia de quiénes somos y quiénes podemos llegar a ser (como personas y como profesionales), es un elemento clave para nuestro desarrollo y nuestro éxito.

El autoconocimiento te prepara para el empleo y te dispone para la acción. Existen cantidad de herramientas para conocernos mejor, una de las más utilizadas es el análisis DAFO personal.

Este método evalúa cuatro factores:

- Debilidades.
- Amenazas.
- Fortalezas.
- Oportunidades.

El procedimiento a seguir es sencillo, es necesario que se realice honestamente para que sus resultados sean útiles a la hora de tomar decisiones.

	Análisis interno	**Análisis externo**
Positivo	**Fortalezas** • ¿En qué soy realmente bueno? • ¿En qué destaco con respecto a los demás? • ¿Qué es lo que hago mejor? • ¿Qué cosas me gusta hacer? • ¿Cuáles son mis talentos innatos? • ¿Cuáles son mis ventajas (estudios, reconocimientos...)?	**Oportunidades** • ¿Necesito ampliar mi red de contactos? • ¿Tengo cabida en algún otro sector del mercado? • ¿A quién conozco que me pueda ayudar? • ¿La industria donde me desempeño está creciendo o necesito buscar otro sector? • ¿Cuáles son las carreras, áreas e industrias vinculadas con mi perfil que muestran mayor avance?
Negativo	**Debilidades** • ¿Cuáles son mis malos hábitos o costumbres? • ¿Qué rasgos de mi personalidad afectan mi desarrollo laboral? • ¿Qué actividades no hago porque no me gustan o por falta de confianza? • ¿En qué aspectos puedo mejorar (conocimientos, habilidades blandas, formación...)?	**Amenazas** • ¿Cuál es la situación económica actual? • ¿Qué condiciones inciden sobre mi avance profesional? • ¿Cuáles son los factores externos que limitan mis objetivos? • ¿Cómo afectan las innovaciones tecnológicas mi presente y futuro laboral? • ¿Cuál es el perfil de otros profesionales en mi área con los cuales debo competir?

A continuación, se presenta una plantilla de análisis DAFO para que pueda ser completada con los aspectos de fortaleza, debilidad, oportunidad y amenaza correspondientes.

	Análisis interno	**Análisis externo**
Positivo	**Fortalezas** 1. 2. 3. 4. 5. 6. 7. 8.	**Oportunidades** 1. 2. 3. 4. 5. 6. 7. 8.
Negativo	**Debilidades** 1. 2. 3. 4. 5. 6. 7. 8.	**Amenazas** 1. 2. 3. 4. 5. 6. 7. 8.

Las fortalezas y las debilidades son aspectos internos, aquello que depende de uno mismo, mientras que los otros dos elementos, oportunidades y amenazas, representan circunstancias del entorno que nos rodea y que no depende de nosotros.

El objetivo del análisis DAFO es conocer cuál es nuestra situación actual y determinar cuál es la posición que puedes llegar a alcanzar en el futuro.

Los resultados de esta matriz van a mostrar:

- **Tus fortalezas**: destrezas o habilidades has adquirido y podrías resaltar.
- **Tus debilidades**: puntos deberías de superar, ya que, te pueden posicionar en desventaja.
- **Las oportunidades**: factores en el mercado pueden ayudarte.
- **Las amenazas:** circunstancias desfavorables en tu búsqueda de empleo.

Las fortalezas y las debilidades son elementos que puedes controlar, es decir, puedes influir en mejorarlos, superarlos. Sin embargo, las oportunidades y las amenazas son elementos externos que no puedes influir o controlar, son elementos del entorno.

Las conclusiones que extraigas de este ejercicio te facilitarán elaborar un método adaptado a ti para buscar empleo.

- Minimizando debilidades.
- Reduciendo las amenazas.
- Consolidando fortalezas.
- Aprovechando las oportunidades.

Una buena opción es contrastar este DAFO Personal con un ejercicio de imagen pública, preguntando a personas de tu entorno cuáles piensan que son tus fortalezas, y cuáles tus áreas de desarrollo, pues a ojos de los demás descubrimos talentos de los que no éramos conscientes.

1.2. Capacidades, habilidades y competencias

Todos hemos utilizado, en algún momento, estos términos indistintamente, no obstante, existen diferencias que pueden ser sutiles, no siempre claras y nos llevan a usar estos conceptos como sinónimos.

- **Capacidades:** Conjunto de recursos y aptitudes que tiene una persona para desempeñar una determinada tarea. Forman parte de nuestra naturaleza.
  Es el potencial que todos tenemos y podemos desarrollar con el aprendizaje, para hacer algo y llevar adelante una tarea.

- **Habilidades**: Hacen referencia a la destreza, rapidez o facilidad para realizar cualquier actividad, de modo que podemos decir que alguien es hábil cuando realiza una actividad de forma exitosa gracias a su destreza, adquirida mediante la práctica, y usando su propia metodología o unas técnicas específicas.

  De esta forma, también existen diversos tipos de habilidades, como la cognitiva, las habilidades matemáticas, sociales, comunicativas o profesionales. Una habilidad puede ser innata o adquirida mediante la práctica, aunque habitualmente suelen ir combinados ambos tipos.

- **Competencias**: Se refiere a la capacidad real y medible de alguien para la puesta en práctica de una actividad concreta. De modo que cuando se dice que una persona es competente quiere decir que puede realizar con éxito y cuando sea necesario una determinada actividad. Las reconocemos a través de nuestros comportamientos

A continuación, se exponen las diferencias entre capacidades, habilidades y competencias. Hemos escogido este orden no por casualidad, sino porque en realidad son conceptos sucesivos, siguiendo ese mismo orden, de una misma aptitud, son como capas superpuestas en cuyo centro se encontrarían las capacidades, en medio las habilidades y en la parte superior las competencias.

Si partimos de la capacidad como la aptitud con la que cuenta cualquier ser humano para llevar a cabo una determinada tarea, la habilidad aparece cuando una capacidad se pone en práctica con destreza, rapidez o facilidad.

En realidad, la habilidad consiste en poner en práctica una capacidad, como si fuera una evolución positiva de una capacidad que ya se posee y que se desarrolla mediante el entrenamiento o la práctica continuada. De esta forma se mejora paulatinamente el desempeño de esa tarea. La habilidad es posterior y se superpone a la capacidad, desarrollándola y poniéndola en práctica.

Por su parte, las competencias son la medida de nuestras habilidades, el grado en que estas se han desarrollado, de modo que la competencia requiere habilidad y haber demostrado que esta se posee en un grado alto o superior al estándar.

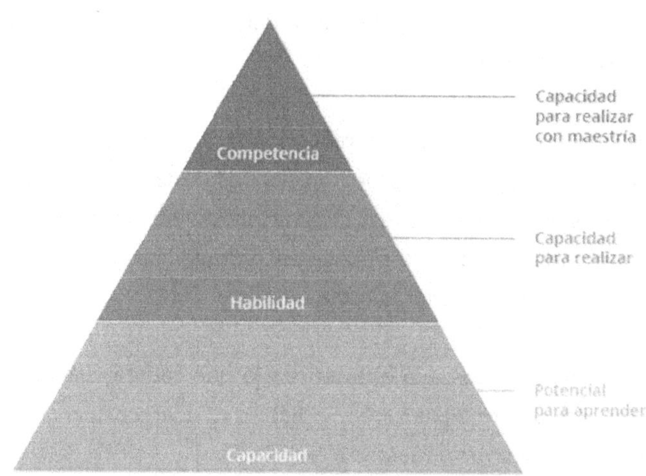

Fig. 1. Pirámide de competencia, habilidad y capacidad

1.3. Competencias básicas, técnicas y transversales

En el ámbito laboral hablamos de competencia profesional, la competencia profesional está compuesta por las actitudes, las habilidades, los conocimientos y las capacidades que permiten a una persona realizar una tarea o función en el ámbito laboral.
Se distinguen tres variedades:

- **Competencias básicas**. Son aquellas reglas esenciales de conducta que se adquieren en la infancia y sirven para desenvolverse en la vida adulta, mejorándolas a través del aprendizaje continuo.

  Dentro de estas competencias, se distinguen aquellas que han sido aprendidas a través de la educación (colegio, instituto, etc.) y las que se han obtenido a causa de la socialización. Una competencia básica sería la matemática elemental.

- **Competencias técnicas**. Son conocimiento determinados para realizar una tarea específica. De acuerdo con cada ocupación, estos conocimientos serán diferentes. Una competencia técnica para trabajar de camarero sería llevar la bandeja.

- **Competencias transversales**. Son cualidades que no dependen de conocimientos específicos o cierta función, sino que son útiles para desempeñarse en cualquier ámbito laboral. Se van desarrollando en diversos contextos y se pueden adaptar a cada situación. Algunas de las competencias transversales útiles para trabajar de camarero serían: comunicación, habilidades sociales y tolerancia al estrés.

Anotación

Cuando hayas identificado tus competencias, te resultará más fácil, expresarlas como fortalezas, utilizando como argumento los comportamientos vinculados a ellas.

Para identificar tus competencias debes seguir el siguiente procedimiento:

A. Primera parte

En primer lugar, se debe leer atentamente la definición de la competencia y a continuación, en la columna de la derecha, marcar con una X la frecuencia (siempre, a veces o nunca) del comportamiento que mostrabas durante tu desempeño laboral.

Contesta a cada frase de forma espontánea, sin demorarte demasiado. No hay respuestas correctas ni erróneas, ya que la conducta puede ser frecuente en unas personas y rara en otras, dependiendo del puesto que hayas desempeñado.

Para ayudarte en tu elección, piensa en situaciones de éxito laborales que conseguiste, y pregúntate:

- ¿Qué manera de hacer... me diferencia de los demás?

- ¿Qué actividad realizo con facilidad?
- ¿Qué decían mis compañeros o mi jefe de mí?

. En algunos casos, la elección no será fácil, esto se debe a que todas las personas con media- larga experiencia ha desarrollado en mayor o menor medida la mayoría de las competencias relacionadas. Se trata de identificarte con los comportamientos que mostrabas con mayor frecuencia.

B. Segunda parte

Una vez realizada la primera parte de la autoevaluación, marca del 1al 5 (entendiendo el 1 como mayor nivel de desarrollo) aquellas competencias que crees que tienes más desarrolladas, contando las veces que se repite "Siempre" o "A veces" en cada competencia evaluada.

Es una valoración estimativa cuyo criterio es el sentido común, aplicando la frecuencia con la que se repiten los comportamientos y la importancia de estos durante el desempeño de las funciones de tu puesto. El objetivo es que concluyas 4 o 5 que consideres clave o con más alto nivel de desarrollo que el resto.

Por ejemplo, en la opción de orientación a resultados marcas lo siguiente:

- 4 x en siempre.
- 2 x en a veces.
- 2 x en nunca.

En la opción de comunicación marcas los siguiente:

- 2 x en siempre.
- 5 x en a veces.
- 1 x en nunca.

En este caso, parece que tiene más peso orientación a resultados, tengamos en cuenta que los comportamientos marcados con una X tienen mucho peso para el desempeño de tu puesto.

A continuación, se trata de relacionar 4 o 5 competencias que consideras clave para que argumentes con los comportamientos que has identificados, cuáles son los motivos de su alto nivel de desarrollo.

1. Resistencia a la adversidad

Es la capacidad para mantener la emocionalidad y el nivel de eficacia y eficiencia en situaciones de presión, oposición, desacuerdo y de dificultades o fracasos.

Indicadores o conductas observables de la competencia	Siempre	A veces	Nunca
Reacciono tranquila y racionalmente ante los problemas o adversidades, a pesar de las tensiones.			
Mantengo predisposición y actitud positiva, transmitiéndola a mi equipo de trabajo (sea mando o no) en las ocasiones estresantes en que se enfrentan límites muy estrictos de tiempo y alta exigencia en los resultados.			
Mantengo un criterio, o una decisión, a pesar de las presiones existentes, a no ser que existan razones que justifiquen el cambio.			
Mantengo un enfoque lógico y controlado en situaciones problemáticas o conflictivas que exigen una acción rápida y precisa.			
No me implico emocionalmente en situaciones conflictivas.			
Permanezco amable y tranquilo cuando los demás expresan su desacuerdo ante mis ideas u opiniones.			
Manejo sin dificultades varios problemas a la vez, logrando alcanzar sus objetivos la mayoría de las veces			
Sé controlarme ante conductas negativas de otras personas, al evaluarlas no como algo personal sino como producto de una situación agobiante o de alta exigencia.			
NIVEL 1 al 5:			

2. Comunicación

Capacidad para expresar las ideas en forma eficaz en situaciones individuales y grupales (incluyendo comunicación no verbal). Habilidad para ajustar el lenguaje a las características y las necesidades del interlocutor.

Indicadores o conductas observables de la competencia	Siempre	A veces	Nunca
Escribo comunicados a las personas adaptando el lenguaje y el contenido a las necesidades y características de los receptores en función del objetivo a conseguir.			
Redacto comunicados detallados para que otros las comprendan utilizando un lenguaje motivador.			
Doy información telefónica clara y precisa, organizando mentalmente la información brindada por su interlocutor y verificando que el mensaje que desea transmitir haya sido comprendido correctamente.			
Establezco y utilizo redes de compañeros para disponer de más información.			
Hago presentaciones en público adaptadas a las necesidades y al nivel de comprensión de la audiencia. Comunico mis ideas en forma clara, eficiente y fluida, impactando con el mensaje.			
Recojo distintas informaciones, a partir de diferentes fuentes, sobre un tema determinado			
Expreso claramente a mis colaboradores los objetivos y estrategias organizacionales, cuáles son mis responsabilidades y las suyas, y lo que se espera de ellos.			
Escucho a los demás con empatía, ocupándome en entender sus puntos de vista y evitando ideas preconcebidas y juicios. Detecto los sentimientos interpretando el lenguaje verbal y no verbal			
NIVEL 1 al 5:			

3. Negociación

Habilidad para crear un ambiente propicio para la colaboración y lograr compromisos duraderos que fortalezcan la relación. Capacidad para dirigir o controlar una discusión utilizando técnicas ganar-ganar planificando alternativas para negociar los mejores acuerdos.

Indicadores o conductas observables de la competencia	Siempre	A veces	Nunca
Antes de tomar contacto con la otra parte, reúno la información que me permita tener el mejor panorama posible de mi situación e intereses.			
Identifico las necesidades propias y las de la otra parte convirtiéndolas en ventajas que se pueden obtener de la negociación, así como los inconvenientes que se derivarían de una solución no negociada al conflicto			
Obtengo o cierro acuerdos que satisfagan las propias necesidades y sean aceptables por la otra parte.			
Me concentro en criterios objetivos y muestro firmeza en mis planteamientos, pero también flexibilidad para analizar posiciones nuevas.			
Busco datos sobre las áreas de interés de mi interlocutor, y referencias sobre sus comportamientos pasados, a fin de guiar mi aproximación al otro de manera adecuada al estilo de éste.			
Resisto las presiones de la otra parte y/o defendiendo los intereses de sus representados.			
Valoro, lo más objetivamente posible, los efectos de las posiciones adoptadas por ambas partes sobre el desarrollo de la negociación.			
Manejo la comunicación en todos sus aspectos, a fin de facilitar el contacto y el intercambio de ideas.			
NIVEL 1 al 5:			

4. Influencia

Implica la intención de persuadir, convencer, influir a los demás para que contribuyan a alcanzar sus propios objetivos. Está basado en el deseo de causar un efecto específico, una impresión determinada o una actuación concreta en los demás cuando se persigue un objetivo.

Indicadores o conductas observables de la competencia	Siempre	A veces	Nunca
Me preocupo por el efecto que causarán sus palabras de acuerdo con el interlocutor o auditorio que enfrenta, y me conduzco en consecuencia, logrando siempre aceptación.			
Soy perseverante en el cumplimiento de mis metas, desarrollando acciones novedosas que despiertan el interés y la colaboración de la gente de mi entorno.			
Preveo posibles obstáculos que se me puedan presentar frente a los demás, y siempre tengo argumentos disponibles para rebatir posiciones adversas.			
Soy obstinado, en el sentido positivo del término; cuando una idea me parece interesante para desarrollar, realizo lo que sea necesario para conseguir aprobación de los demás y lograr hacerlo			
Soy referente como imagen que la organización quiere dar, a la hora de realizar intercambios fuera de la organización			
Logro acuerdos mediante acciones de negociación adecuadas.			
En situaciones cotidianas generalmente consigo lo que deseo y logro mantener una buena imagen.			
Implemento acciones sugeridas por mis superiores vinculadas a persuadir a los otros con eficacia, y alcanzo mis objetivos.			
NIVEL 1 al 5:			

5. Trabajo en equipo

Es la habilidad para participar conjunta y organizadamente en el logro de metas comunes. Supone facilidad para la relación interpersonal y para lograr sinergia en el éxito de las acciones del equipo.

Indicadores o conductas observables de la competencia	Siempre	A veces	Nunca
Amplio las responsabilidades propias para lograr la realización de una actividad o ante un problema.			
Convenzo a los demás para llegar a acuerdos, relacionando las ideas y acciones propias con las necesidades e intereses de ellos.			
Coordino el trabajo de mis de compañeros.			
Logro influir en los demás utilizando de forma eficaz hechos, sentimientos e informaciones.			
Ofrezco ayuda a los compañeros para solucionar los problemas de trabajo.			
Presto atención a las necesidades y sentimientos de los demás.			
Solicito a los miembros del equipo que aporten ideas y sugerencias sobre los problemas del trabajo.			
Antepongo los intereses colectivos a los personales en beneficio de los objetivos comunes de la organización			
NIVEL 1 al 5:			

6. Iniciativa

Es la predisposición para actuar proactivamente. Implica marcar el rumbo mediante acciones concretas, no solo de palabras. Capaz de concretar decisiones hasta la búsqueda de nuevas soluciones.

Indicadores o conductas observables de la competencia	Siempre	A veces	Nunca
Planteo distintos enfoques para enfrentar un problema.			
Poseo una visión de largo plazo, que me permite anticiparme a las situaciones y prever alternativas de acción.			
Defiendo, argumentando razonadamente, las propias decisiones cuando son puestas en duda.			
Desarrollo a mi equipo para que pueda tomar sus propias decisiones con el seguimiento oportuno			
Soy participativo, aporto ideas y estímulo a mis compañeros para que actúen de la misma forma.			
Propongo nuevas formas de trabajo que se adapten a las nuevas situaciones del entorno.			
Tomo decisiones o hago recomendaciones en el trabajo del día a día sin necesidad de consultar a otros compañeros ni al superior inmediato.			
Actúas rápida y decididamente en una crisis, cuando lo normal sería esperar, analizar y ver si se resuelve sola.			
NIVEL 1 al 5:			

7. Orientación a resultados

Es la capacidad de encaminar todos los actos al logro, superando las necesidades de la organización. Es capaz de administrar los procesos establecidos para que no interfieran con la consecución de los objetivos.

Indicadores o conductas observables de la competencia	Siempre	A veces	Nunca
Planifico la actividad previendo incrementar la competitividad de la organización y la satisfacción de los clientes.			
Estimulo y premio las actitudes y las acciones de los colaboradores orientadas a promover la mejora continua y eficiencia.			
Actúo con velocidad y sentido de urgencia, ante situaciones que requieren anticiparse a los competidores, o responder a las necesidades de los clientes.			
Fijo para mí y para mi equipo objetivos a alcanzar realistas y desafiantes, y oriento mi acción para lograr y superar los estándares de desempeño y respetar los plazos establecidos.			
Reconozco y recompenso el valor de los resultados tanto grupales como individuales de mi equipo.			
Diseño y utilizo indicadores de gestión para medir y comparar los resultados obtenidos.			
Doy orientación y retroalimentación a mi equipo acerca de su desempeño.			
Analizo los resultados actuales y establezco planes de mejora para la calidad, la satisfacción del cliente y las ventas.			
NIVEL 1 al 5:			

8. Capacidad de análisis

Es la capacidad para entender una situación, desagregándola en pequeñas partes o identificando sus implicaciones paso a paso. Incluye la capacidad para organizar las partes de un problema o situación.

Indicadores o conductas observables de la competencia	Siempre	A veces	Nunca
Recopila información relevante, la organiza de manera sistemática, realiza comparaciones entre los diferentes elementos, y establece prioridades.			
Establezco relaciones de datos numéricos y abstractos que permiten resolver problemas complejos.			
Identifico las relaciones de causa-efecto de los problemas actuales y potenciales y organizo datos numéricos o abstractos, estableciendo relaciones adecuadas entre ellos			
A través de un profundo análisis de la información, propongo diversas alternativas de acción, determino sus efectos posibles, y los clasifico basándome en sus pros y contras.			
Clasifica las ideas usando gráficos y / o tablas que explican los fenómenos analizados.			
Detecta problemas poco evidentes que afectan los resultados de su área y de otras áreas de la organización de forma efectiva y oportuna.			
Empleo diferentes métodos para analizar un problema complejo, separando sus componentes.			
A través de un profundo análisis de la información, propone diversas alternativas de acción, determina sus efectos posibles, y las clasifica basándose en sus pro y contra.			
NIVEL 1 al 5:			

9. Orientación al cliente interno y externo

Es la capacidad de actuar con sensibilidad, en forma proactiva, ante las necesidades que los clientes actuales y potenciales, internos o externos puedan manifestar en el presente o en el futuro.

Indicadores o conductas observables de la competencia	Siempre	A veces	Nunca
Aclaro los requerimientos, investigo, identifico y comprendo las necesidades actuales y potenciales de los clientes.			
Obtengo información directa de los clientes y la usa para mejorar sus productos / servicios.			
Implemento acciones para medir la satisfacción de los clientes.			
Me anticipo a las expectativas y demandas actuales y potenciales de los clientes.			
Desarrollo soluciones a los problemas de mis clientes y proveedores, trabajando juntamente con ellos.			
Mantengo una actitud de total disponibilidad en relación con los clientes internos y externos.			
Estoy siempre disponible para recibir y escuchar a mis clientes, tanto en cuestiones formales como informales.			
Cumplo con las políticas y niveles de calidad de atención al cliente que sostiene la empresa			
NIVEL 1 al 5:			

10. Adaptabilidad. Flexibilidad

Capacidad de modificar la conducta personal para alcanzar objetivos cuando surgen dificultades o cambios en el medio. Se asocia a la versatilidad del comportamiento y del pensamiento.

Indicadores o conductas observables de la competencia	Siempre	A veces	Nunca
Asimilo y aprendo rápidamente y sin problemas nuevas herramientas de trabajo instrumentadas para afrontar el cambio.			
Manejo eficaz (alcanzar objetivo) y eficientemente (forma de conseguir objetivo) situaciones nuevas o poco habituales con un breve plazo para prepararlas.			
Continúo siendo efectivo cuando las interrupciones y distracciones son frecuentes.			
Controlo situaciones en las que diversas personas exigen cosas diferentes simultáneamente.			
Me integro rápidamente a diversos equipos de trabajo.			
Soy funcionalmente polivalente.			
Visualizo en forma rápida la necesidad de un cambio y me adapto fácilmente al mismo.			
Reviso mis métodos de trabajo y los modifico para ajustarme a los cambios, aprendiendo de mis errores.			
NIVEL 1 al 5:			

11. Organización y planificación

Es la capacidad de identificar y reconocer la información relevante para determinar las metas y prioridades de sus funciones estipulando la acción, los plazos y los recursos requeridos.

Indicadores o conductas observables de la competencia	Siempre	A veces	Nunca
Me preocupo de conocer muy bien las responsabilidades y objetivos de mi puesto, y de cómo mi trabajo afecta a los demás puestos relacionados, organizándome y distribuyendo adecuadamente los tiempos para las actividades diarias.			
Establezco los objetivos a alcanzar por mí y/o por otros, indicando prioridades, fechas límite, de modo que sean alcanzables.			
Utilizo o desarrollo métodos apropiados para mejorar mi propio rendimiento y/o el de mi departamento o equipo de trabajo.			
Identifico los factores, internos y externos, que pueden afectar a la consecución de los objetivos.			
Planifico el tiempo para la realización de las actividades previstas.			
Organizo y coordino recursos.			
Manejo el tiempo eficientemente y priorizo las tareas en función del sentido de la urgencia / importancia.			
Preveo los recursos (técnicos y/o humanos y/o económicos) necesarios para alcanzar los objetivos en los plazos fijados.			
NIVEL 1 al 5:			

12. Liderazgo

Es la capacidad para dirigir a un equipo de trabajo. Implica el deseo de guiar a los demás. Los líderes crean un clima de energía y compromiso y comunican la visión empresarial, ya sea desde una posición formal o informal

Indicadores o conductas observables de la competencia	Siempre	A veces	Nunca
Oriento la acción de mi equipo en las direcciones necesarias para el logro de los objetivos.			
Fijo objetivos, los transmito claramente, realizo su seguimiento y doy retroalimentación sobre el avance registrado, integrando las opiniones de los diversos miembros del equipo.			
Tengo energía y perseverancia y lo transmito con mi ejemplo a los demás, logrando que mi equipo desarrolle también sus tareas con alto nivel de energía.			
Motivo a cada uno de acuerdo con sus necesidades, y en pos del logro de los objetivos generales e individuales de desarrollo.			
Escucho a los demás y soy escuchado. Demuestro al interlocutor que he comprendido el objetivo de su mensaje y me aseguro de que él ha entendido el mío.			
El grupo me percibe como líder y se orienta en función de los objetivos fijados por mí.			
Informo al equipo de noticias de la organización, positivas y negativas, haciéndoles sentir parte importante de la misma.			
Se preocupa por el efecto que causarán sus palabras de acuerdo con el interlocutor o auditorio que enfrenta, y se conduce en consecuencia, logrando siempre aceptación			
NIVEL 1 al 5:			

1.4. Objetivo profesional

Un objetivo profesional es lo que quieres lograr en tu profesión, en un momento determinado; es el punto final en tu crecimiento profesional, el tope.

Fijarte un objetivo te ayudará a encontrar la ocupación que mejor se adecue a tus intereses y aptitudes. También te ayudará a planificar tu proceso formativo y laboral para poder lograrlo.

Es ideal que tu objetivo profesional tenga metas a corto y largo plazo, son esenciales para mantenerte motivado y para que puedas capacitarte para llegar a ese objetivo con preparación para asumirlo.

Para definir tu objetivo profesional, es imprescindible que tengas claro qué quieres conseguir. Reflexiona sobre lo que te gusta (intereses), cómo eres (características), lo que valoras de una profesión (valores) y lo que se te da bien (habilidades y conocimientos), puedes apoyarte en las actividades que hemos recomendado previamente (análisis DAFO y autoevaluación de competencias).

Ten en cuenta que todas las profesiones tienen diversas salidas laborales con una formación específica, unas competencias y una experiencia concreta. Determina específicamente qué puesto laboral te interesa en tu futuro más cercano y el puesto laboral al que quieres llegar a largo plazo. Si te resulta difícil elaborarlo, de esta manera, puedes determinar en primer lugar tu objetivo final y después será más fácil alcanzar los objetivos intermedios.

Para que nos resulte más fácil definir nuestros objetivos, podemos hacer uso de una de las tantas herramientas que tenemos a nuestra disposición, como el método SMART.

La palabra "SMART" es un acrónimo que se utiliza para describir las características clave que deben tener los objetivos para que sean efectivos.

Cada letra del acrónimo representa un criterio específico que un objetivo debe cumplir:

- **Específico (Specific)**: Un objetivo debe ser claro y específico, evitando ambigüedades. Debe responder a preguntas como qué, quién, cuándo, dónde y por qué. Establecer claramente lo que se quiere lograr ayuda a enfocar los esfuerzos y recursos de manera efectiva.
- **Medible (Measurable)**: Los objetivos deben ser cuantificables en términos de cantidad, calidad, tiempo, costo, etc. De esta manera, se puede evaluar con precisión el progreso hacia la consecución del objetivo y determinar si se ha

   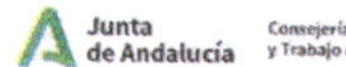

alcanzado con éxito.

- **Alcanzable (Achievable)**: Los objetivos deben ser realistas y alcanzables. Deben representar un desafío significativo, pero también ser factibles con los recursos disponibles, incluyendo tiempo, habilidades, conocimientos y recursos materiales.
- **Relevante (Relevant)**: Los objetivos deben estar alineados con los objetivos generales y las metas más amplias, ya sea a nivel personal, profesional u organizacional. Deben tener un propósito significativo y contribuir al logro de resultados deseables.
- **Temporal (Time-bound)**: Los objetivos deben tener un marco temporal definido y específico para su consecución. Establecer plazos claros y realistas ayuda a mantener el enfoque, la motivación y a gestionar eficazmente el tiempo.

Fig. 2. Plantilla de objetivos SMART

Al aplicar el método SMART para establecer objetivos, se garantiza que estos sean claros, alcanzables y significativos, lo que aumenta las posibilidades de éxito y mejora la capacidad de seguimiento y evaluación del progreso. Este enfoque estructurado y sistemático ayuda a transformar las aspiraciones en acciones concretas y medibles, impulsando así el logro de resultados satisfactorios.

1.5. Perfil profesional. Propuesta de valor

El perfil profesional es un resumen de los aspectos más relevantes de tu trayectoria profesional que puede incluir formación, competencias, logros, objetivos profesionales, etc. Se trata de una declaración de intenciones en la que tienes que ser concreto y adaptarte al tipo de trabajo que quieres.

Para elaborarlo podemos responder a estas tres preguntas:

- ¿Quién soy?
- ¿Qué quiero?
- ¿Qué puedo ofrecer?

La extensión no debe superar las siete líneas, por lo que debes ser breve y conciso. El objetivo es centrar la atención del empleador en este párrafo.

Uno de los elementos claves en la redacción del perfil profesional es la propuesta de valor que podemos definir como aquello que te diferencia de los demás profesionales, aquello en lo que destacas.

Para aplicar esta propuesta de valor al redactar nuestro perfil profesional debemos hacer uso de las llamadas palabras claves, resaltándolas en negrita. No se trata de hacer acopio de muchas palabras, solo limítate a seleccionar 4 o 5 que te definan lo mejor posible.

- Camarero profesional con grandes dotes para memorizar menús y realizar cálculos rápidos. Amplia experiencia en la prestación de un servicio de calidad. Resalto por mi capacidad de adaptación, gestión de estrés y atención al cliente con simpatía y agilidad.
- Auxiliar administrativo con 3 años de experiencia en diferentes modalidades de gestión. Altamente cualificado para realizar todo tipo de labores relacionadas con el puesto, desde atención a clientes, logística y cierre de caja. Mi objetivo laboral es desarrollar mi perfil profesional dentro del área de la contabilidad y las finanzas.

1.6. El currículum: tipos

El curriculum vitae (CV) es un documento que recoge la información personal, la experiencia laboral, la trayectoria formativa y las competencias profesionales. Es nuestra tarjeta de presentación. Es un documento publicitario: una buena publicidad, llama a conocer más del producto que en el caso del currículum, somos nosotros.

Su misión es mostrar que somos apto para el puesto de trabajo al que presentamos nuestra candidatura y, por lo tanto, darnos acceso al proceso de selección. Por ello, al redactarlo debemos estar centrados en reflejar lo mejor de nosotros en él.

Existen tres tipos de currículums clasificados dependiendo de:

- Si quieres resaltar tus fortalezas.
- Si quieres ocultar tus puntos débiles.
- Si te enfocas en lo que la empresa necesita.

A. Currículum cronológico

Tal como su nombre indica, la información se presenta por fechas en orden cronológico, describiendo la experiencia laboral y la formación desde lo más antiguo a lo más actual.

¿Cuándo utilizarlo?

- Si tienes muchos años de trabajo en un mismo sector y quieres permaneces en él.
- Para resaltar si has tenido cierta estabilidad laboral.

B. Currículum inverso

Similar al anterior, ordenando la experiencia laboral y/o la formación desde la más actualizada hasta la más antigua. Aunque no es necesario que enumeres todos los empleos, sí hay que tener la precaución de que no existan periodos de tiempo sin trabajar porque es posible que se aprecie a primera vista.

¿Cuándo utilizarlo?

Si tu experiencia laboral más actual es requisito en la oferta de empleo a la que presentas candidatura.

C. Currículum funcional

Se utiliza para enfatizar los logros, resaltar competencias y disimular aquella información que queremos que pase desapercibida.

¿Cuándo utilizarlo?

- Si no tienes experiencia laboral.
- Si has estado mucho tiempo fuera del mercado laboral.
- Si quieres reinventarte en un ámbito laboral diferente.

D. Currículum mixto

Es el modelo que más se utiliza ya que se pueden combinar perfectamente las competencias, resaltar los logros y presentar la formación o la experiencia laboral de forma cronológica.

1.7. El currículum: estructura

Los apartados que un curriculum vitae debe tener son los siguientes:

Datos personales	- Nombre y apellidos. - DNI / NIF. - Dirección. - Datos de contacto. - Fecha de nacimiento. - Fotografía.
Experiencia profesional	- Nombre de la empresa. - Fechas de comienzo y fin. - Puesto de trabajo. - Funciones realizadas.
Estudios y formación complementaria	En orden desde el mayor grado de estudios en enseñanza reglada alcanzada y cursos de posgrado y máster (si es el caso), como la formación no reglada complementaria. En este apartado, se debe incluir el centro de estudios, las fechas de comienzo y fin de los estudios (reglados) y el centro y horas de formación en cursos y máster.
Permiso de conducir	Se detallan los permisos de conducir que se poseen, así como si se está en posesión de carnets profesionales, como tarjeta de transporte, habilitación de uso de maquinaria especial, etc.
Idiomas	Se indican los certificados de nivel de los distintos idiomas que se poseen, así como el organismo certificador y la fecha de obtención del certificado.
Otros logros	En este apartado debemos reseñar las menciones, publicaciones, etc. También es el momento de indicar si se poseen carnets certificadores como el de manipulador de alimentos, etc.
Referencias	En caso de tener referencias de empleadores se pueden facilitar nombres y teléfonos de contacto o indicar que se presentarán bajo requerimiento, cuando así lo solicite la empresa en entrevista personal.

¿Qué información no es necesario que pongas en tu currículum?

- DNI/NIE.
- Domicilio exacto. Puedes hacer referencia a tu ubicación geográfica poniendo en que ciudad resides. Ten cuidado si el puesto ofertado no está en tu ciudad, ya que entonces, te puede perjudicar.
- Nacionalidad y lugar de nacimiento.
- Estado civil y número de hijos.
- Creencias religiosas, políticas, etc.
- Edad: depende. Si eres menor de 29 años te puede interesar añadir la edad, ya que las empresas se benefician de un incentivo por la contratación. Recuerda también reflejar que estás inscrito en "Garantía juvenil".

Se debe de tener en cuenta, siempre, lo siguiente para la elaboración de un currículum:

- El currículum debe tener brevedad y rigor en la exposición, debe ser esquemático pero informativo.
- Debe estar adaptado al puesto de trabajo.
- Se debe utilizar un lenguaje correcto y directo y evitar expresiones ambiguas y poco precisas. Es conveniente revisar el texto para detectar erratas, faltas de ortografía, etc.
- El currículum se debe presentar en papel de calidad, blanco, tamaño **DIN A4** cuando se presente impreso.
- No se debe inflar el currículum, ya que se pueden producir contradicciones durante el desarrollo de la entrevista. Recuerda que la transparencia y la honestidad son fundamentales para construir una carrera sólida y exitosa a largo plazo.
- El currículum debe de ser fechado, pues dicha fecha será una referencia importarte a la hora de conocer la actualización del documento.
- Solo se enviarán imágenes y copias de documentos cuando se pidan expresamente.
- El currículum debe acompañarse de una carta de presentación.
- El currículum no debe firmarse.

1.8. Aplicaciones para realizar CV creativos

Existen diversas páginas webs que te permitirán descargar plantillas para hacer un currículum.

Fig. 3. Ejemplo de currículum creativo adaptado al puesto de diseñador gráfico

A continuación, se exponen algunos ejemplos de páginas webs con los que puedes elaborar un currículum creativo desde cero.

A. Canva

Canva es una de las páginas web de creación de contenido visual más populares y sencillas de usar en la actualidad. Se puede utilizar de forma completamente gratuita y cuenta con cientos de plantillas de currículums que puedes editar a tu gusto. Asimismo, podrás descargar tu CV en varios formatos.

En el siguiente enlace puedes realizar un currículum desde 0 con las plantillas de Canva.
https://www.canva.com/es_es/curriculums/plantillas/

Si se quiere acceder a más elementos, también se tiene la opción de contratar un plan de pago, aunque esto no es necesario para utilizar la aplicación.

Más adelante, se explicará paso a paso cómo realizar un currículum con Canva.

B. CVapp

CVapp es una aplicación para hacer currículums en línea y gratuita. Dispone de un creador de currículums y cartas de motivación de fácil uso. Además, tiene un corrector ortográfico integrado, que sin duda te ayudará a evitar pequeños errores.

Puedes usar esta aplicación de forma gratuita, aunque también cuenta con un plan premium.

C. OnlineCV

Es un creador de currículums en línea que te permite utilizar distintos modelos y plantillas, incluidos modelos de CV con o sin imagen.

Además, esta aplicación cuenta con plantillas específicas para cada sector y con consejos prácticos que pueden ayudarte a conseguir que tu CV destaque por encima de los demás.

D. CV Maker

CV Maker te permite elaborar varias versiones de tu currículum para adaptarlas a las distintas ofertas de trabajo. Esta aplicación destaca por ser muy sencilla de usar: tan solo tienes que completar un perfil con tus datos y CV Maker lo transferirá a la plantilla que hayas seleccionado.

Para utilizarla tienes que registrarte. Es importante saber que cuenta con algunas plantillas gratuitas, mientras que otras son de pago.

E. Craft CV

Craft CV es un creador de currículums que cuenta con 36 modelos profesionales de CV recomendados por expertos en redes sociales. Además, tendrás la opción de escoger plantillas clásicas o más originales que podrás modificar a tu gusto.

Cuenta con un plan gratuito que te permitirá descargar hasta cuatro plantillas de CV sin coste alguno.

1.9. Canva

Es una herramienta de diseño gráfico muy intuitiva, fácil de usar, con la que se puede realizar infinidad de creaciones para uso profesional o personal. Pone a disposición de los usuarios una amplia variedad de plantillas por lo que no es necesario tener conocimientos previos para utilizarla.

Canva es una herramienta de diseño gráfico muy fácil de utilizar ya que es muy intuitiva. Contiene muchas plantillas prediseñadas y tiene una versión gratuita que permite crear una gran cantidad de contenidos, entre ellos, el currículum.

A continuación, se explica el proceso de creación de cuenta y registro de nuevo usuario.

Para crear nuestra cuenta en Canva, primero se debe ingresar a la web www.canva.com, al pulsar sobre el enlace, llevará directamente a la página principal de Canva en el que aparecerá la siguiente pantalla.

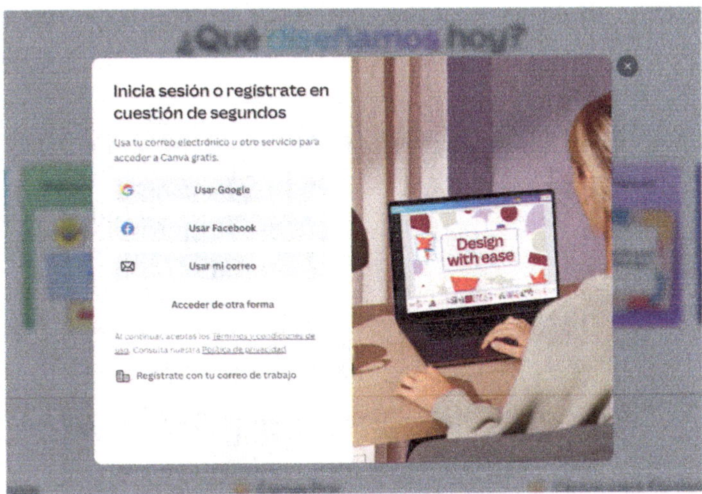

Para poder iniciar cualquier trabajo en Canva, primero se debe crear una cuenta de usuario.

Existen diferentes maneras para registrarse en Canva, las más comunes son a través de Google, Facebook o por correo electrónico. Al pulsar sobre cualquiera de ellas (hay que escoger solo una de las opciones), se puede crear el registro. Si se elige Google o Facebook, se accederá siempre con los datos de esas cuentas. Por ejemplo:

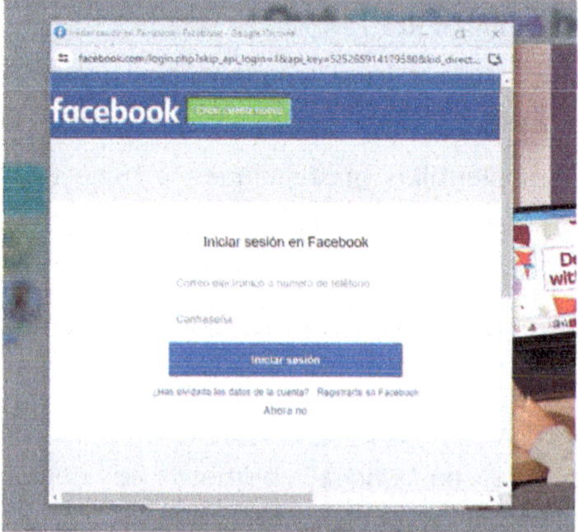

Si se escoge la opción de registrarse por correo electrónico, se crea la cuenta desde cero. Para hacerlo, en primer lugar, hay que pulsar sobre el botón verde "Usar mi correo".

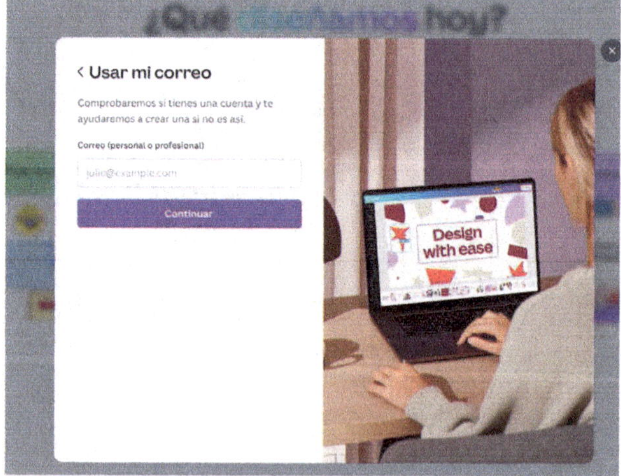

A continuación, se escribe el correo electrónico para que Canva compruebe que no existe un registro previo. En la siguiente ventana, se tiene que escribir el nombre y pulsar en "Crea tu cuenta".

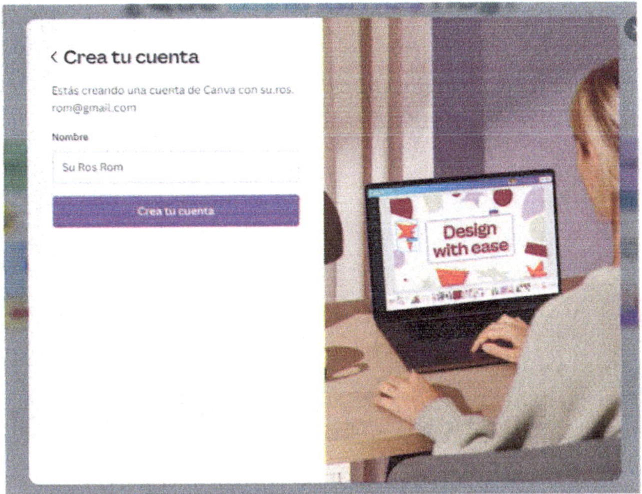

Automáticamente, se enviará un código al correo con el que se ha registrado la cuenta. Una vez se inserta el código, se pulsa en el botón "Continuar" para seguir con el proceso.

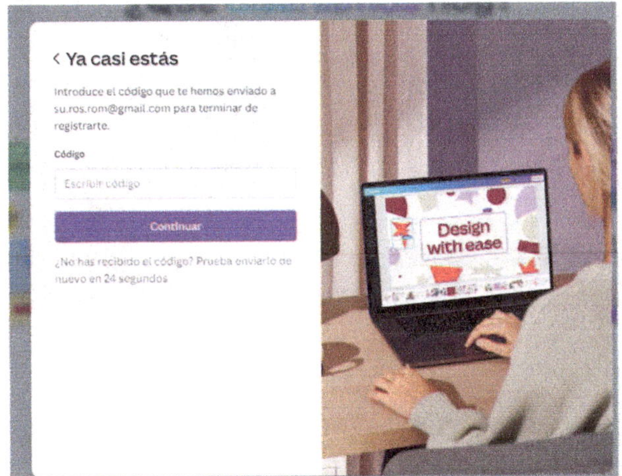

La siguiente pantalla que aparece es la siguiente, en la que Canva quiere saber para qué se va a usar la herramienta. Es recomendable señalar la opción "Uso personal".

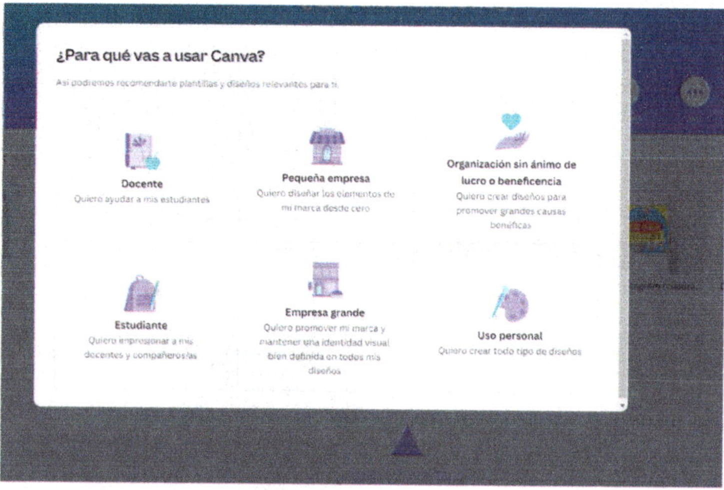

En la siguiente pantalla, si no quieres la versión Pro de Canva, que es de pago, hay que pulsar arriba a la derecha en "Quizás más tarde".

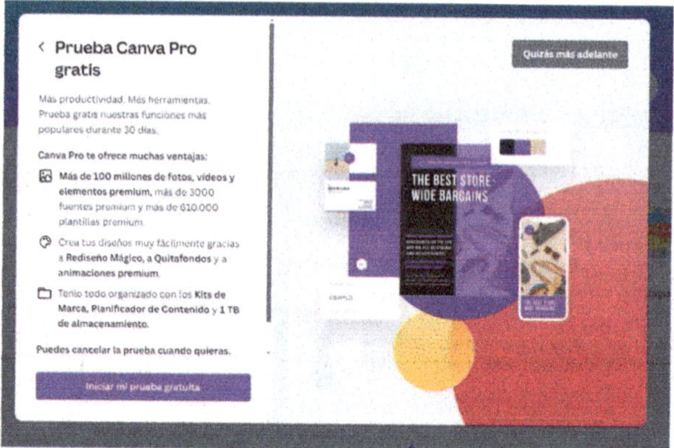

En la siguiente pantalla, si no se desea que Canva envíe publicidad al correo con el que se ha registrado la cuenta, hay que pulsar en "Ahora no".

Tras todos los pasos anteriores, la cuenta ya está creada y aparece esta pantalla:

Lo siguiente que hay que hacer es gestionar una contraseña, para ello, se pulsa en el en las iniciales del nombre que se puso al realizar el registro, en la parte superior de la barra de tareas.

Al pulsar sobre el icono de las iniciales se despliega la siguiente ventana.

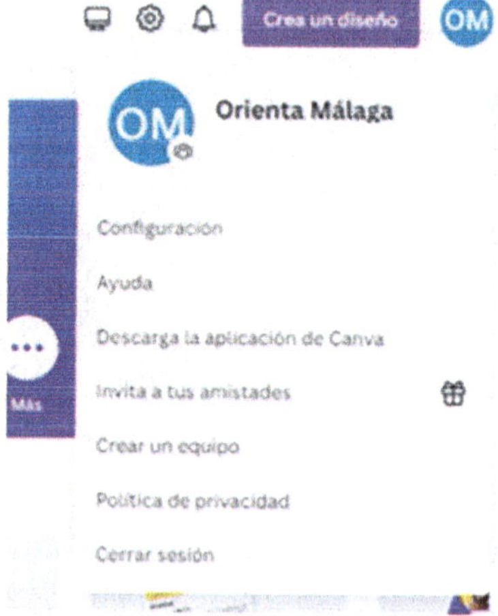

Al pulsar en "configuración", en la próxima pantalla, en el margen izquierdo, pulsamos en "acceso y seguridad".

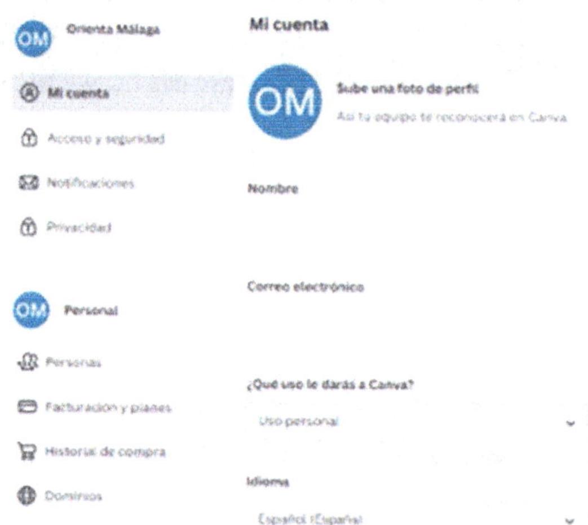

Nos aparece el siguiente enunciado:

Iniciar sesión

Contraseña

Para añadir una contraseña a tu cuenta por primera vez, tendrás que usar la página de reiniciar contraseña para que podamos verificar tu identidad.

A continuación, hay que pulsar en el enlace "página de reiniciar contraseña" y se pone el correo con el que se hizo el registro en el que se va a recibir un código.

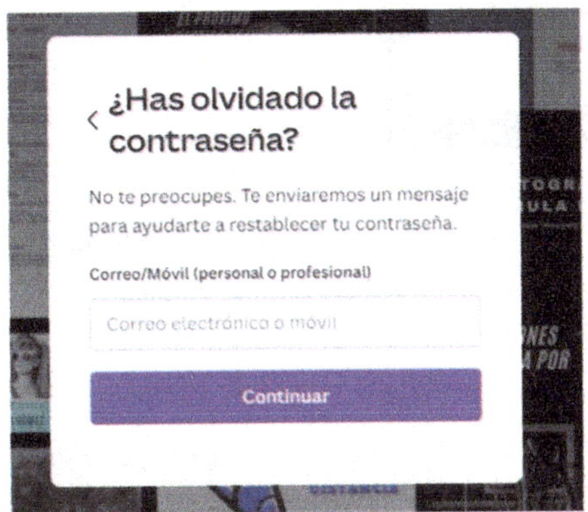

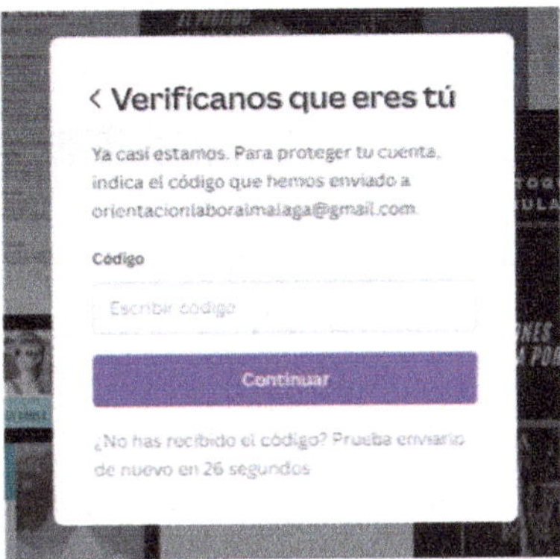

Después de poner el código, se abre la siguiente ventana donde se introduce una contraseña, que se usará junto con el correo cada vez que se quiera acceder a la cuenta de Canva.

Se pulsa en "Restablecer contraseña" y, con este último paso, se finaliza el registro y ya está creada nuestra contraseña.

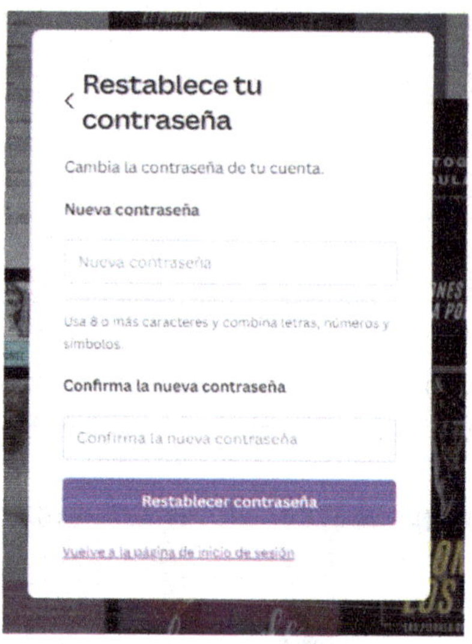

La pantalla principal de Canva es la siguiente. En el lateral izquierdo, hay diferentes carpetas. En la carpeta "Proyectos" se guardan todos los trabajos que se realicen.

En la carpeta "Plantillas", hay una infinidad de modelos para realizar todo tipo de presentaciones gráficas: carteles, infografías, tarjetas... ordenadas en subcarpetas agrupadas por temas.

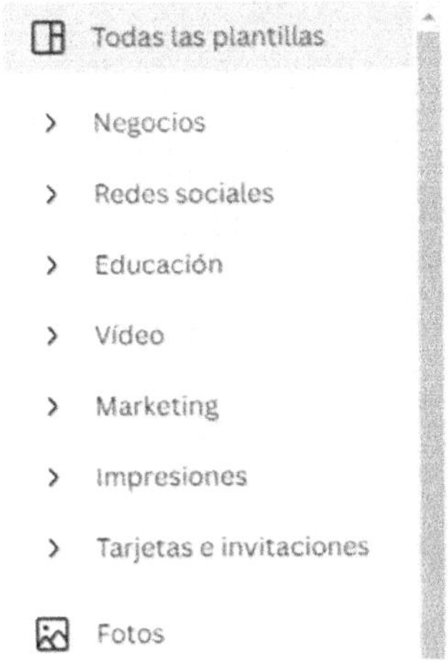

Todas las plantillas

- Negocios
- Redes sociales
- Educación
- Vídeo
- Marketing
- Impresiones
- Tarjetas e invitaciones

Fotos

Para hacer un currículum con una plantilla, hay que dirigirse a la subcarpeta "Negocios", y en el desplegable, se debe escoger la opción "Currículum", y aparecerán todas las plantillas disponibles.

Comprueba si la plantilla que eliges es gratuita o "PRO" (con coste).

Hay dos maneras para comprobar si una plantilla es de pago. Una de ellas, es comprobar si en la parte inferior derecha la plantilla tiene una corona.

Otra forma de comprobar si la plantilla es de pago, es utilizando el filtro de precio, antes de seleccionar plantilla, en el que seleccionando gratis solo saldrán las plantillas gratuitas.

Antes de empezar a personalizar una plantilla, se explica el espacio de trabajo y los recursos disponibles en Canva.

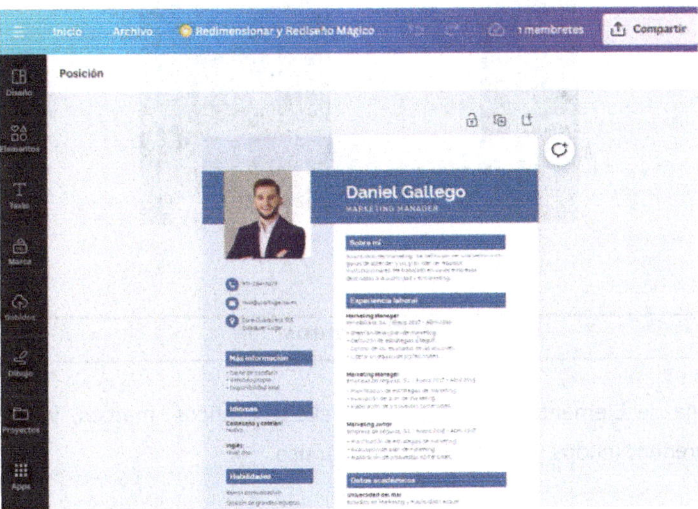

A. Barra lateral

En la barra de la izquierda, se encuentran las herramientas que se pueden utilizar. Cuando se hace clic sobre alguna de ellas, se despliega otra columna con elementos específicos.

1. Diseño

En Diseño se encuentran, además de las plantillas que se han utilizado anteriormente, otros modelos de plantilla.

2. Elementos

En la pestaña de Elementos, hay figuras, stickers, gráficos, marcos, videos, audios, fotos, etc. prederminados y disponibles para su uso.

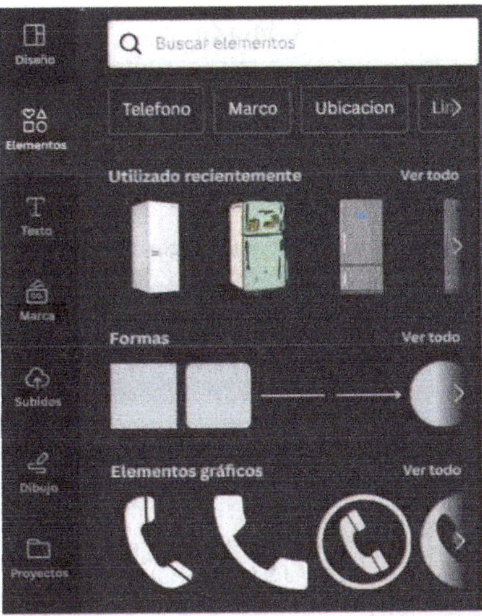

3. Texto

En esta pestaña, se encuentran cajas de texto que se pueden añadir al proyecto, escogiendo entre los estilos predeterminados (título, subtítulo, etc.)

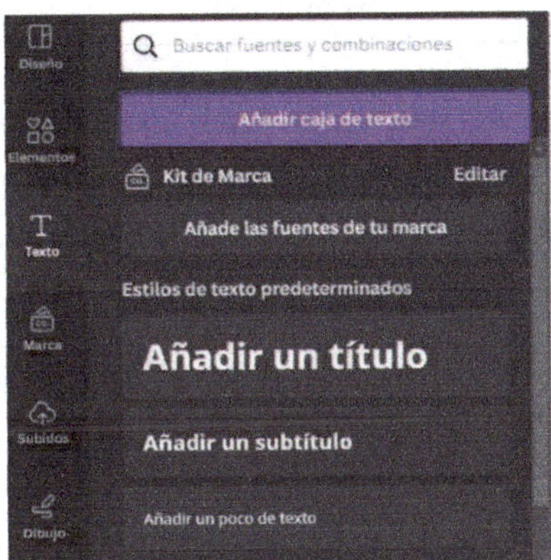

4. Marca

Es un recurso de pago desde el que se puede configurar la marca personal o empresarial.

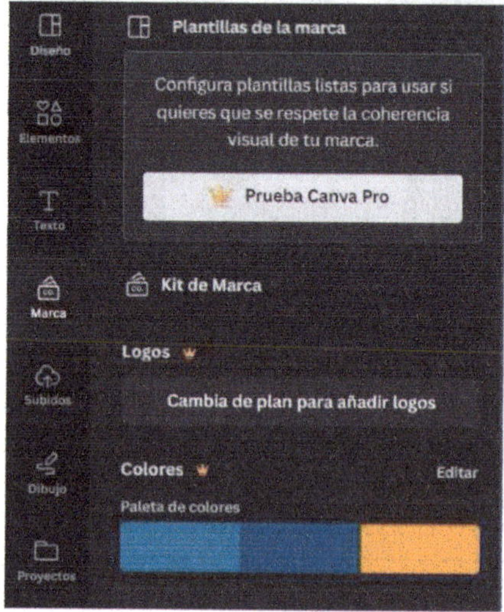

5. Subidos

En esta pestaña, se guardan todos los elementos que se suban desde nuestro dispositivo. Se pueden subir imágenes en formato jpg. o png., documentos en pdf, videos, audios. También se encuentra la opción de grabarse a sí mismo.

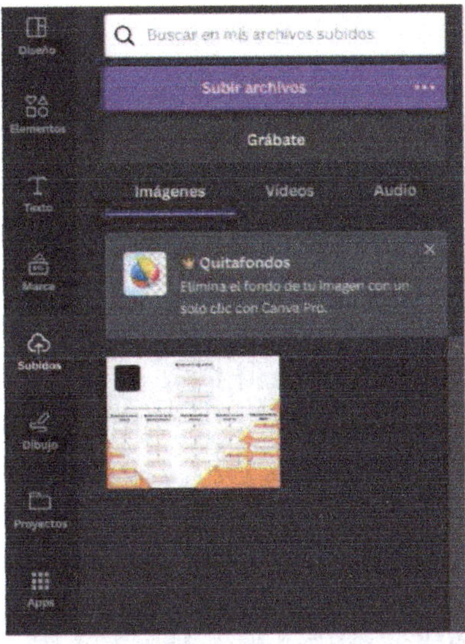

6. Dibujo

La pestaña dibujo da acceso a herramientas específicas para escribir, diseñas, colorear, etc. de forma manual.

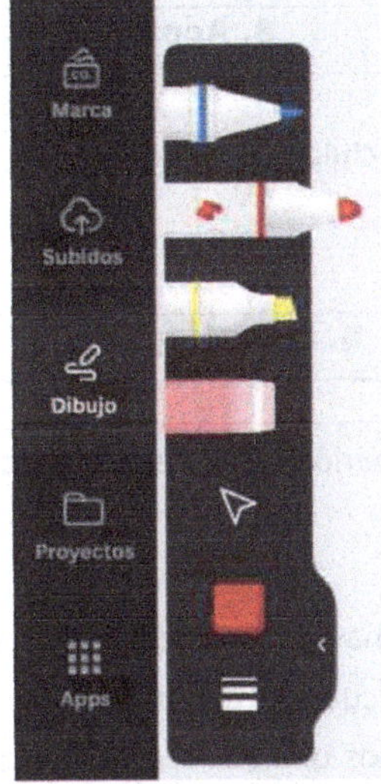

7. Proyectos

La pestaña Proyectos contiene la información de todas las acciones que se han realizado con anterioridad: los proyectos, las imágenes subidas, carpetas creadas, etc.

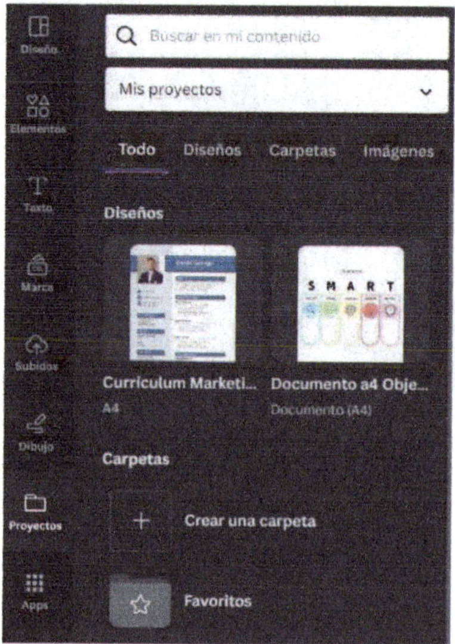

8. Apps

Permite acceder a aplicaciones incluidas en Canva.

B. Barra superior

Las herramientas de la barra superior que interesa conocer para iniciarse en el uso de Canva son:

- **Flechas**: sirven para deshacer o rehacer una o varias acciones. Simplemente, se hace clic sobre ellas cuando estén activas, es decir, previamente se ha tenido que realizar al menos una acción que pueda ser borrada o restablecida.

- **Nube**: indica que los cambios se guardan automáticamente.
- **Compartir**: al clicar en ese botón, se despliega la siguiente ventana:

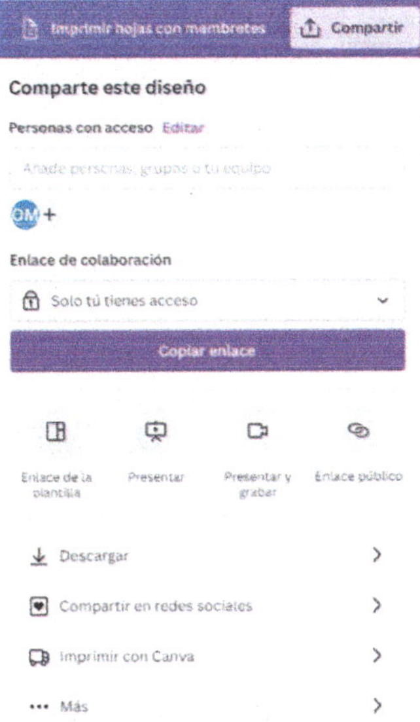

Desde la opción de compartir, se puede dar acceso a otras personas con quienes se puede compartir el proyecto, tendrán permiso para modificar nuestro trabajo.

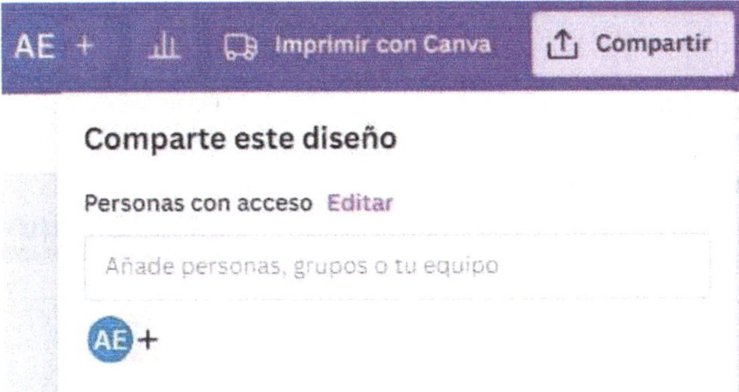

También, desde esa ventana se puede descargar el proyecto. Se hace clic en "Descargar", se despliega una lista con las opciones de formato y se escoge el más conveniente (se aconseja descargarlo en PDF estándar, aunque cualquiera de las opciones es válida) y se pulsa en "Descargar".

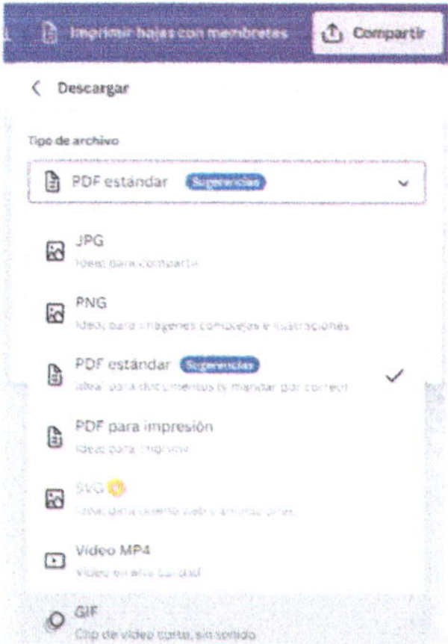

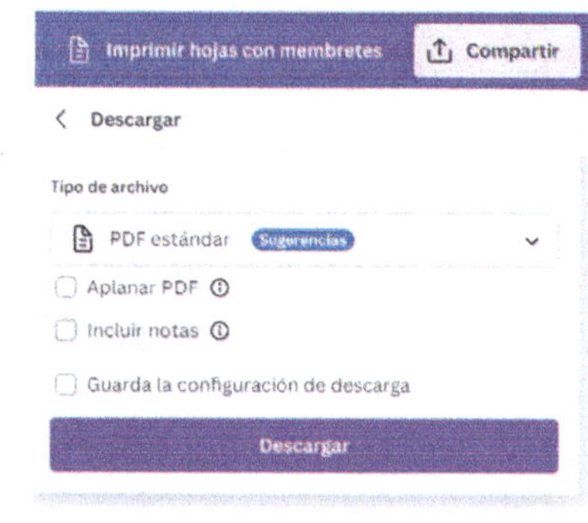

C. Personalizar la plantilla

Una vez que se ha escogido una plantilla (haciendo clic en la más conveniente) y comprobado que es gratuita, se puede empezar a elaborar el currículum. Para ello, se pulsa en "Personalizar esta plantilla".

Una vez se hace clic, se abre una pantalla de edición:

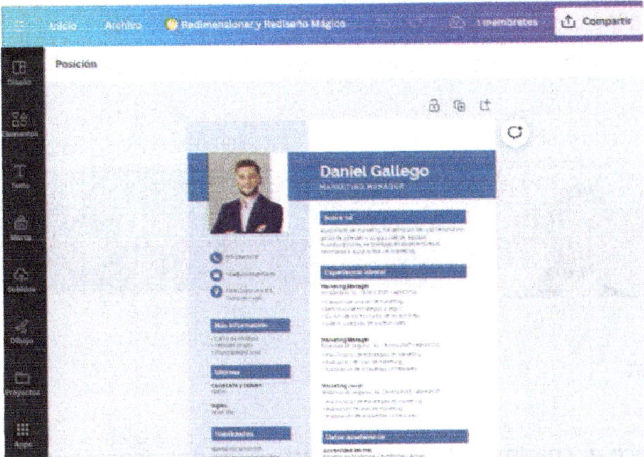

Si se pasa el cursor por encima de la plantilla que se ha escogido, se puede comprobar que todo es editable, es decir, se puede cambiar el texto, los colores, la foto...

Hay que editar cada parte del currículum personalizar el currículum (nombre, datos personales, experiencia...). Para personalizarlo, se elige el apartado que se quiere cambiar. Si te posicionas en cualquiera de los bloques, se puede comprobar que aparece un cuadro, y si se hace doble clic se pone en modo edición: se puede borrar la información de la plantilla y modificarla.

A continuación, se expone un ejemplo práctico en el que se va a cambiar el nombre de la plantilla.

Al pulsar sobre el nombre con el cursor, aparece un cuadro violeta

Hay dos opciones:

1. Cuando aparece el cuadro violeta, en la parte superior aparece un desplegable con algunas herramientas útiles, entre ellas, la papelera. Si se hace clic sobre la papelera, la información dentro del cuadro violeta se borrará.

2. Otra opción para eliminar el nombre es hacer doble clic en el cuadro, el nombre se subraya automáticamente y permite borrarlo (tecla "supr" del teclado) y se puede escribir el nuevo nombre.

El resultado sería el siguiente:

D. Otras herramientas

Cuando se pulsa sobre un texto y se hace editable aparece, además del cuadro violeta, una barra de herramientas para facilitar la tarea en la parte superior.

Las herramientas que aparecen en esta barra, ubicado en la parte superior del espacio de trabajo, son las siguientes (se exponen de izquierda a derecha).

Fuentes y estilos de texto:

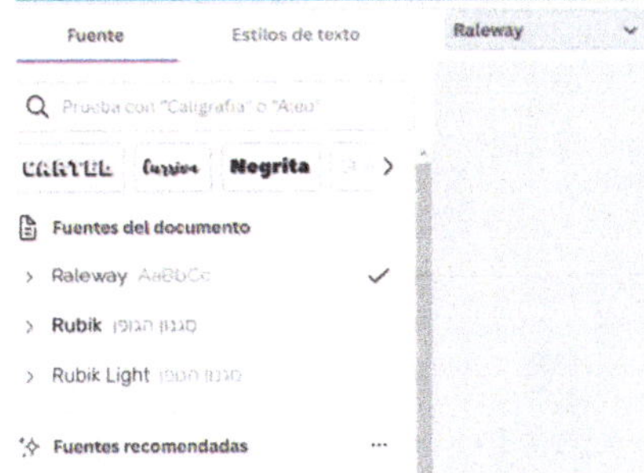

Tamaño del texto:

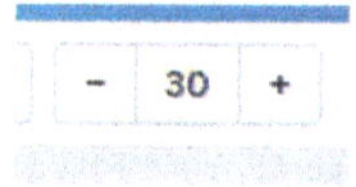

Color del texto:

Negrita, cursiva, subrayar, tachar, mayúsculas, alineación, lista, espaciado:

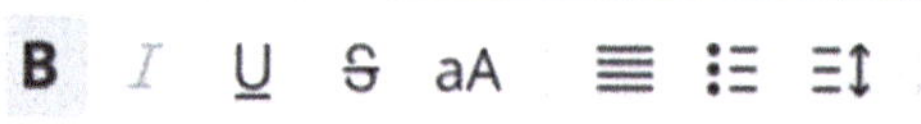

Efectos:

Animar:

Posición:

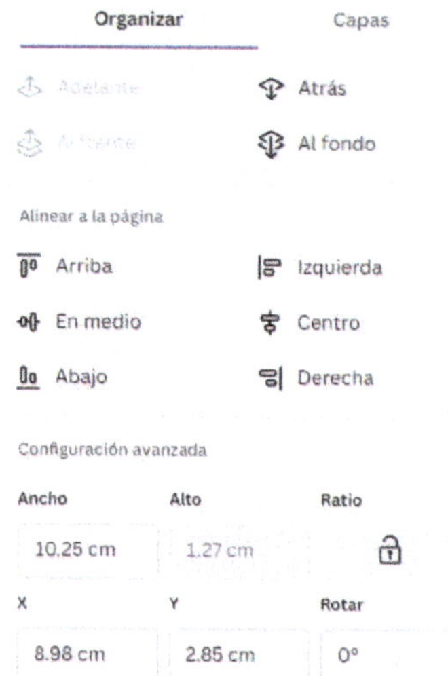

Transparencia:

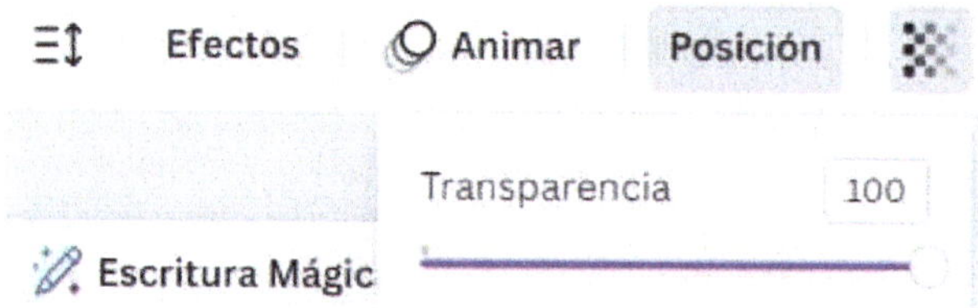

Pegar estilo. Bloquear:

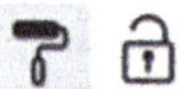

A continuación, se exponen ejemplos para aprender a usar las herramientas anteriores.

En primer lugar, se selecciona el texto en el que se quiere aplicar algún cambio.

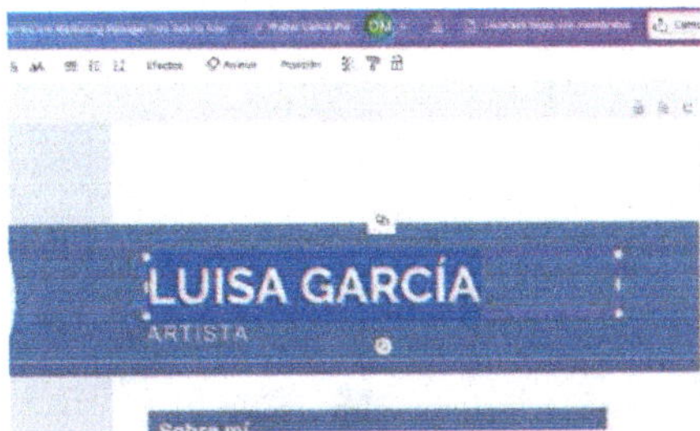

En este ejemplo, se va a cambiar el color del texto. Se pulsa en la barra superior, "Color de texto", se pulsa sobre el color deseado, y se hace clic en el texto que se había seleccionado, quedando este resultado:

Con este mismo procedimiento, se puede cambiar el tipo de letra (fuente), el tamaño, darle efecto al texto, etc.

Si se hace clic sobre la imagen, aparece un cuadro violeta y el desplegable con las herramientas de ayuda que ya hemos visto con anterioridad.

Cuando se pulse sobre la papelera para eliminar la imagen, aparecerá el siguiente desplegable.

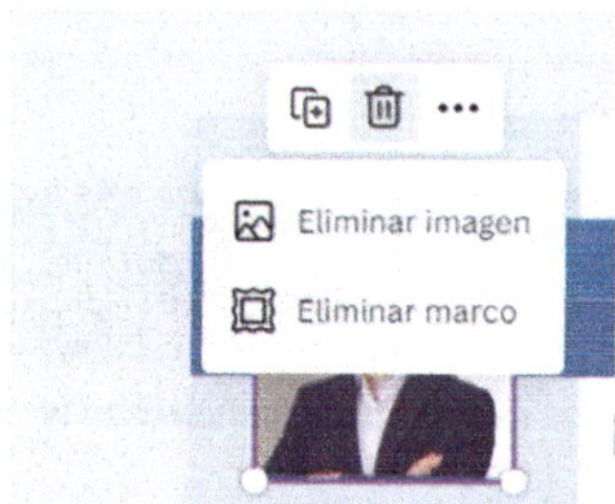

Al subir la imagen, está disponible la opción de eliminar el marco o la imagen. Si se pulsa sobre "Eliminar marco", se borrará el marco y si se pulsa sobre "Eliminar imagen", se borrará la imagen, pero permanecerá el marco.

Se puede dejar ese marco o cambiarlo por otro desde la pestaña de "Elementos".

Para cambiarlo, se borra primero el que se quiere descartar y, luego, se hace clic en el marco elegido y se arrastra. Posteriormente, se puede modificar el tamaño del marco.

Tras ajustar el marco, ya se puede subir la imagen.

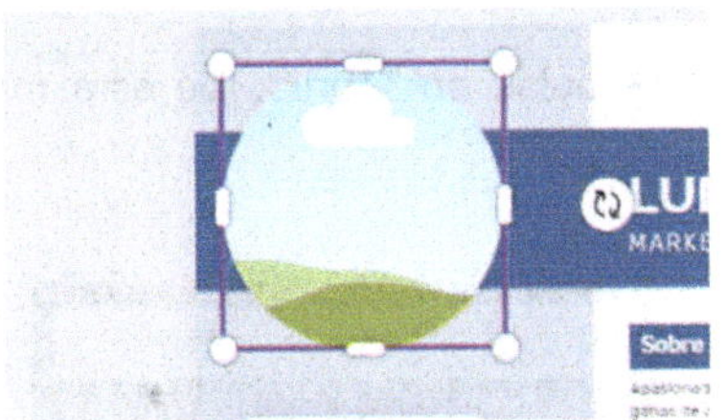

Para subir la imagen, se debe tener disponible una imagen ya sea guardada en una carpeta, en la nube, en redes sociales, etc.

Para subir la imagen a Canva, se debe hacer desde la barra lateral izquierda, en "Subir archivos".

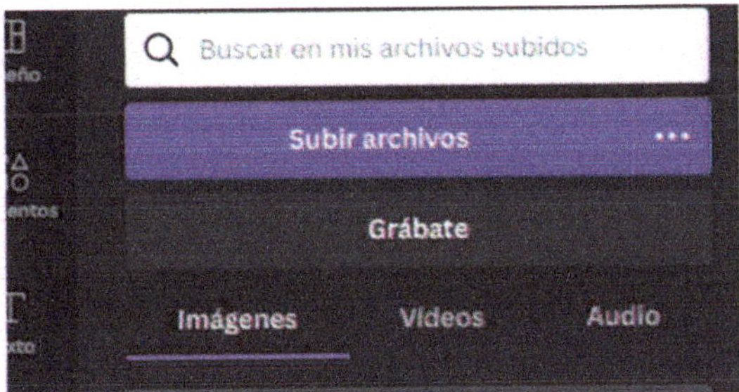

Al pulsar en "Subir archivo", se abre una ventana de nuestro ordenador y se escoge la ubicación donde tenemos localizada la imagen que queremos subir.

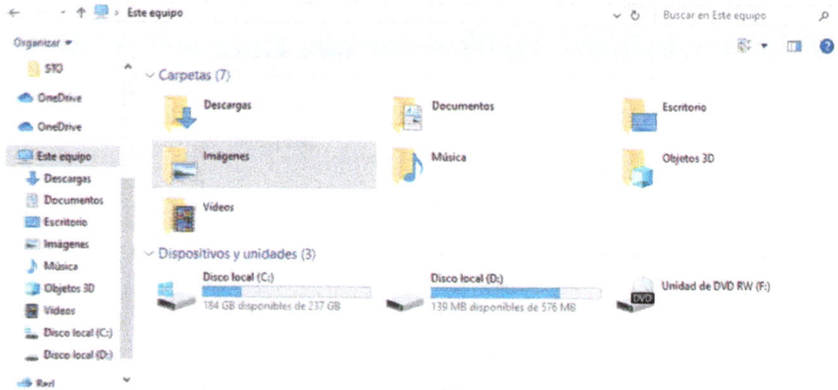

Se selecciona la imagen y se pulsa en "Abrir". De esta manera, la imagen se habrá subido.

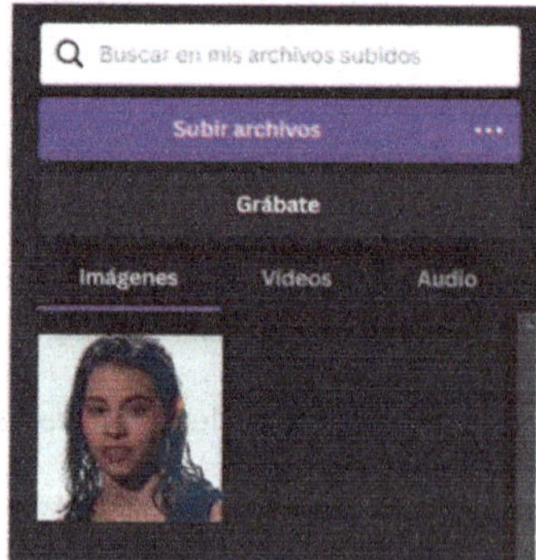

Para ajustar la imagen al marco, debemos pulsar en la imagen y arrastrarla hasta el marco, que ya tenemos en la ubicación deseada.

Cuando se hayan realizado todos los cambios y nuestro currículum esté finalizado, el último paso es descargarlo en nuestro ordenador. Para descargar un proyecto en Canva, se debe pulsar Compartir, que está situado a la derecha de la barra superior encontramos el botón "Compartir".

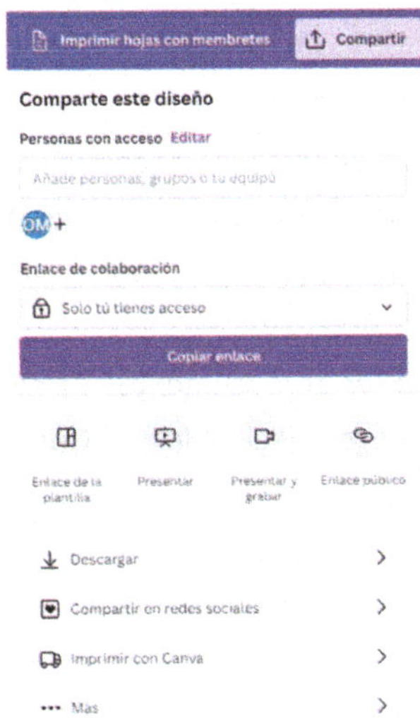

Se pulsa en "Descargar" para que se despliegue la ventana donde se escoge el formato preferible (se recomienda descargarlo en PDF) y se pulsa el botón inferior de "Descargar".

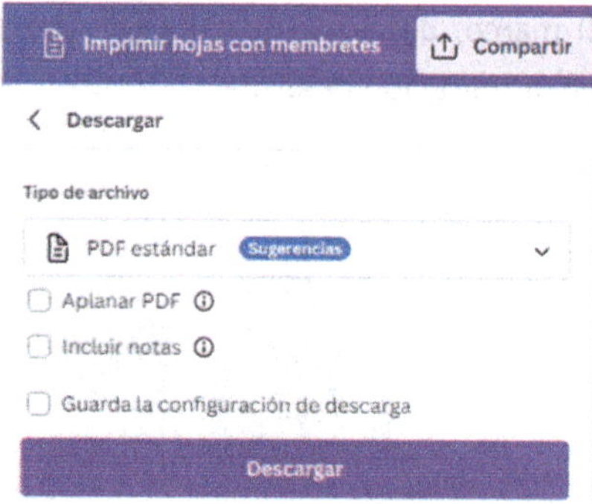

1.10. Europass

El CV Europass es un formato estándar de currículum vitae utilizado en Europa y respaldado por la Comisión Europea.

Los Estados de la Unión Europea y Suiza forma parte del Servicio Europeo de Empleo conocido como la red EURES que está a disposición de todos los ciudadanos que residen en alguno de estos estados. En este Servicio de Empleo, se publican ofertas de 29 países y ofrece la oportunidad de publicar nuestro CV, mediante el CV Europass.

El Europass consiste en un dossier de documentos comunes para todos los estados de la Unión, gestionado por los Centros Nacionales de Orientación Profesional.

Es un instrumento del marco Europeo de Cualificaciones Profesionales (EQF) que permite la formación y movilidad de los trabajadores.

Su finalidad hacer más fácil la movilidad laboral y formativa. Es un documento que sirve para presentar las capacidades y cualificaciones de la persona interesada de una manera clara y eficaz.

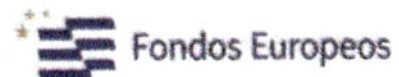
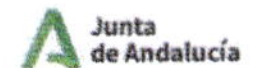

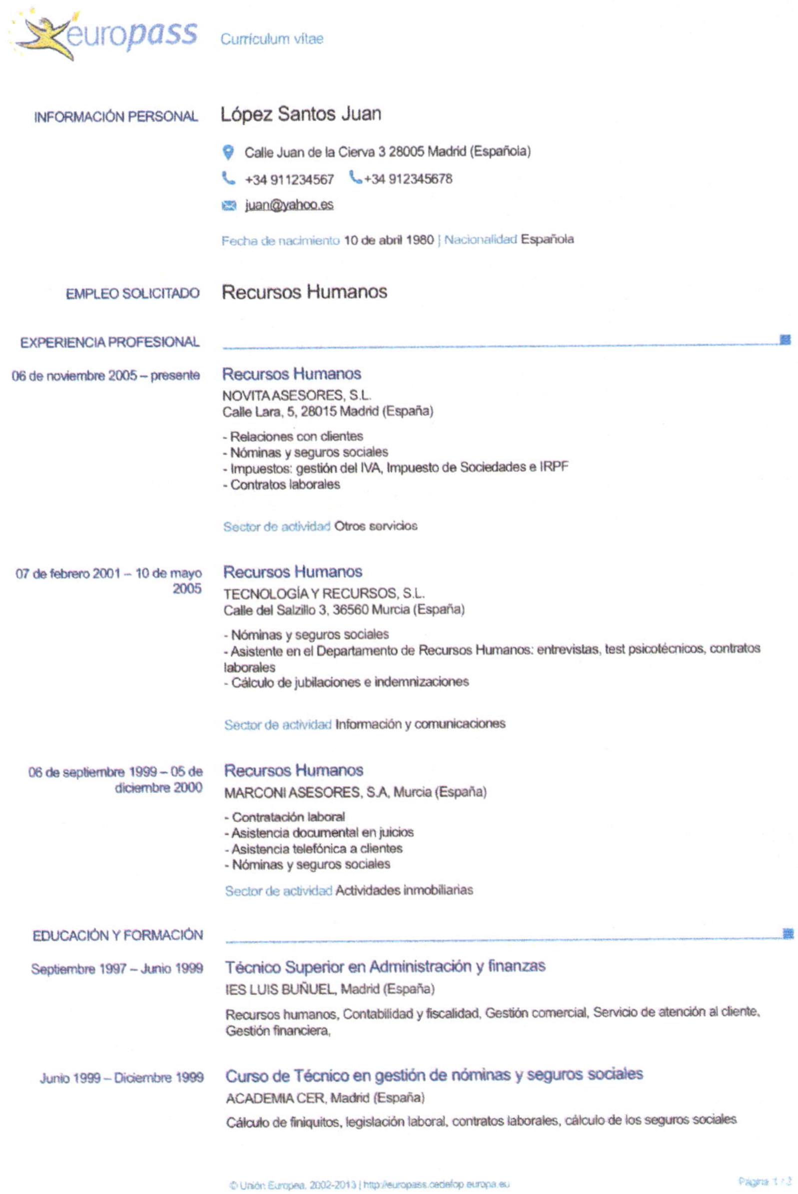

europass Curriculum vitae

INFORMACIÓN PERSONAL López Santos Juan

Calle Juan de la Cierva 3 28005 Madrid (Española)

+34 911234567 +34 912345678

juan@yahoo.es

Fecha de nacimiento 10 de abril 1980 | Nacionalidad Española

EMPLEO SOLICITADO Recursos Humanos

EXPERIENCIA PROFESIONAL

06 de noviembre 2005 – presente

Recursos Humanos
NOVITA ASESORES, S.L.
Calle Lara, 5, 28015 Madrid (España)

- Relaciones con clientes
- Nóminas y seguros sociales
- Impuestos: gestión del IVA, Impuesto de Sociedades e IRPF
- Contratos laborales

Sector de actividad Otros servicios

07 de febrero 2001 – 10 de mayo 2005

Recursos Humanos
TECNOLOGÍA Y RECURSOS, S.L.
Calle del Salzillo 3, 36560 Murcia (España)

- Nóminas y seguros sociales
- Asistente en el Departamento de Recursos Humanos: entrevistas, test psicotécnicos, contratos laborales
- Cálculo de jubilaciones e indemnizaciones

Sector de actividad Información y comunicaciones

06 de septiembre 1999 – 05 de diciembre 2000

Recursos Humanos
MARCONI ASESORES, S.A. Murcia (España)

- Contratación laboral
- Asistencia documental en juicios
- Asistencia telefónica a clientes
- Nóminas y seguros sociales

Sector de actividad Actividades inmobiliarias

EDUCACIÓN Y FORMACIÓN

Septiembre 1997 – Junio 1999

Técnico Superior en Administración y finanzas
IES LUIS BUÑUEL, Madrid (España)

Recursos humanos, Contabilidad y fiscalidad, Gestión comercial, Servicio de atención al cliente, Gestión financiera,

Junio 1999 – Diciembre 1999

Curso de Técnico en gestión de nóminas y seguros sociales
ACADEMIA CER, Madrid (España)

Cálculo de finiquitos, legislación laboral, contratos laborales, cálculo de los seguros sociales

© Unión Europea, 2002-2013 | http://europass.cedefop.europa.eu Página 1 / 2

Fig. 4. Ejemplo de currículum Europass I

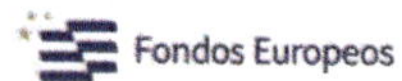

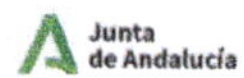

Consejería de Empleo, Empresa y Trabajo Autónomo

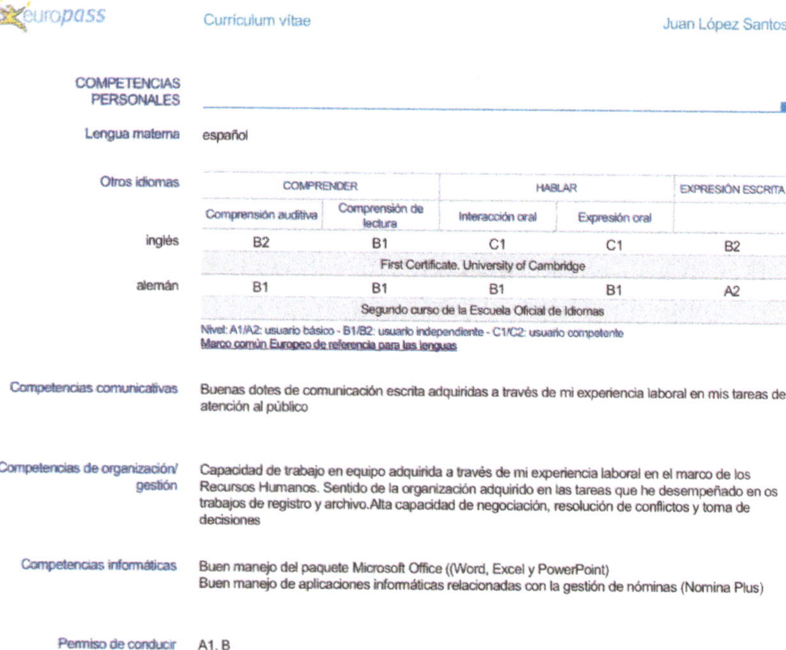

europass | Curriculum vitae | Juan López Santos

COMPETENCIAS PERSONALES

Lengua materna: español

Otros idiomas

	COMPRENDER		HABLAR		EXPRESIÓN ESCRITA
	Comprensión auditiva	Comprensión de lectura	Interacción oral	Expresión oral	
inglés	B2	B1	C1	C1	B2
	First Certificate. University of Cambridge				
alemán	B1	B1	B1	B1	A2
	Segundo curso de la Escuela Oficial de Idiomas				

Nivel: A1/A2: usuario básico - B1/B2: usuario independiente - C1/C2: usuario competente
Marco común Europeo de referencia para las lenguas

Competencias comunicativas: Buenas dotes de comunicación escrita adquiridas a través de mi experiencia laboral en mis tareas de atención al público

Competencias de organización/ gestión: Capacidad de trabajo en equipo adquirida a través de mi experiencia laboral en el marco de los Recursos Humanos. Sentido de la organización adquirido en las tareas que he desempeñado en os trabajos de registro y archivo.Alta capacidad de negociación, resolución de conflictos y toma de decisiones

Competencias informáticas: Buen manejo del paquete Microsoft Office ((Word, Excel y PowerPoint)
Buen manejo de aplicaciones informáticas relacionadas con la gestión de nóminas (Nomina Plus)

Permiso de conducir: A1, B

© Unión Europea, 2002-2013 | http://europass.cedefop.europa.eu — Página 2 / 2

Fig. 5. Ejemplo de currículum Europass II

1.11. Videocurrículum

Un videocurrículum es una presentación audiovisual cuyo objetivo es complementar la información de currículum tradicional.

El modelo de contenido de lo que puedes contar en tu videocurrículum sería como el conocido "*elevator pitch*".

Un *elevator pitch* es un discurso o presentación que pretende ser impactante, ágil y rápido ya que debe durar entre 45 segundos y un minuto, ni más ni menos (lo que dura un viaje en ascensor, de ahí su nombre).

Una de las principales características es que debe ser claro, conciso y breve. Su objetivo principal es persuadir al receptor del mensaje, transmitiendo pasión por lo que queremos contar.

Para que realmente resulte efectivo, el videocurrículum debe reunir una serie de características esenciales que conviene tener muy en cuenta.

- Un videocurrículum debe mantener las normas básicas de cualquier buen currículum: exponer información relevante de manera clara, concisa y ordenada.
- Al igual que un currículum tradicional, el videocurrículum debe tener una estructura bien definida, en la que haya una presentación y una exposición de datos académicos y profesionales que quede perfectamente clara.
- Debes preparar con anterioridad el guion de lo que dirás cuando grabes tu video currículum.
- Los aspectos técnicos también son importantes: si resulta difícil de ver o escuchar será descartado.
- No debe tener una duración superior a los 90 segundos, siendo 2 minutos el máximo recomendado.
- Un videocurrículum ha de tener presente el sector profesional o el puesto de trabajo concreto para el que ha sido creado.

- Presta atención a todos los detalles: el espacio donde los grabas, la iluminación, tu presencia y cómo utilizar el lenguaje no verbal.

Las partes del videocurrículum y duración recomendada son las siguientes:

- **Introducción**: entre 10 y 20 segundos. Aquí tienes que presentarte y decir quién eres y qué estás buscando.
- **Experiencia profesional**: entre 20 y 40 segundos. Cuenta algunas de tus experiencias laborales más relevantes centrándote en tus logros y responsabilidades. Si no tienes experiencia habla de tus periodos de prácticas, becas o voluntariados.
- **Formación académica**: entre 15 y 35 segundos. Habla solo de los títulos que más relación tengan con el puesto que vas a solicitar.
- **Información de interés**: entre 15 y 25 segundos. Aquí céntrate en aspectos que puedan dar valor a tu candidatura: habilidades, idiomas, etc.
- **Despedida**: entre 10 y 15 segundos. Di adiós mientras instas a los posibles empleadores a que te hagan una entrevista de trabajo para conocerte más.

2. Búsqueda de empleo. Portales de empleo

Un portal de empleo es un sitio web especializado que combina la oferta y la demanda de puestos de trabajo disponibles en el mercado. El objetivo principal de los portales de empleo es brindar un servicio de búsqueda de trabajo rápido y fácil que permita encontrar ofertas de empleo a los candidatos.

Se puede obtener información de todas las empresas que deseemos a través de Internet y registrarse en todos los portales que coincidan con el perfil que solicitamos.

Los portales de empleo son sitios web que reúnen miles de ofertas para puestos de trabajo de diversas empresas en un solo lugar. Estos portales tienen como objetivo que tanto la empresa como el demandante de empleo cubran una necesidad laboral específica.

El demandante debe encontrar un puesto de trabajo que se adapte a su perfil y la empresa debe encontrar un candidato que tenga el perfil adecuado para ocupar el puesto de trabajo ofertado de manera rápida y sencilla. Es una forma rápida y actualizada de buscar ofertas de trabajo.

Para una persona en búsqueda de empleo, un portal de empleo le permite:

- Incluir el curriculum vitae.
- Buscar ofertas de empleo.
- Acceder a convocatorias de empleo.
- Estar en varios procesos de selección de personal de diferentes empresas.

Para una empresa en búsqueda de personas trabajadoras, un portal de empleo le permite:

- Publicar sus vacantes.
- Acceso a muchos currículums.
- Elegir las candidaturas más idóneas de un amplio repertorio de perfiles.

Es importante utilizar los portales de empleo que se ajusten a mi perfil profesional, aunque existen tanto portales de empleo públicos como privados.

Los portales de empleo públicos incluyen los autonómicos que son administrados por las comunidades autónomas a través de sus Servicios Autonómicos de Empleo, los cuales se ocupan de las políticas activas de empleo, como la formación, la orientación laboral, la intermediación y otras actividades relacionadas con el ámbito laboral.

La cantidad de portales privados sigue aumentando. Podemos dividirlos en dos grandes categorías según su especialización.

- La primera categoría incluye portales generalistas, como InfoJobs.
- La segunda categoría incluye portales especializados en sectores específicos, como Turi Jobs para el sector turístico.

La mayoría de las personas utilizan Internet para buscar trabajo, y hay muchas páginas web que ofrecen ofertas de trabajo. Estas páginas webs se esfuerzan cada vez más por mejorar sus servicios con avisos y aplicaciones para smartphones, lo que hace que el proceso sea simple y efectivo. Para comenzar a darte de alta en estos portales, solo necesitas un buen currículum, una carta de presentación y una foto.

En la búsqueda de empleo se necesita tiempo y prepararse bien para introducir todos los datos en las diferentes plataformas.

Trabajo en el extranjero	
https://eures.europa.eu/index_es	Red EURES. Trabajo en Europa
www.aquieuropa.com/ www.jobpilot.com/	Trabajo en las Instituciones europeas
www.atlanticresearch.com/langs/espan.htm	Trabajo en distintos países
www.empleate.com/	Trabajo en Hispanoamérica
www.empleoshoy.com/	Trabajo en Norteamérica
www.worktrain.gov.uk/script/home0_0.asp www.jobserve.com/	Trabajo en el Reino Unido
www.jobonline.it/	Trabajo en Italia
www.laborum.com/	Trabajo en América
www.tiadro.com/	Trabajo en Portugal

Bolsa de trabajo genéricas	
www.acciontrabajo.com/	Ofertas de trabajo en todos los sectores.
www.aldaba.org	Empleo y formación.
www.boletindeempleo.com	Empleo y formación.
www.bolsadetrabajo.com	Todas las categorías en todas partes del mundo
www.computrabajo.com	Ofertas de empleo y CV publicados
www.gliempleo.com	Ofertas de empleo, formación, becas.
www.infoempleo.es	Orientación, ofertas y formación
www.infojobs.net	Ofertas de Empleo, consejos, formación.
www.laboris.net	Buscador de ofertas de empleo por categorías y sectores.
www.monster.es	Búsqueda de ofertas por zonas y sectores.
www.oficinaempleo.com	Orientación, ofertas, envío de ofertas por e-mail.
www.ofertajobs.com	Bolsa de trabajo para el contacto directo entre candidatos y empresas.
www.planetavisual.net	Currículum / Ofertas
www.servijob.com	Buscador de ofertas de trabajos
www.todotrabajo.com	Búsqueda de empleo y facilita los procesos de selección de personal

Bolsa de trabajo especificas	
www.buildingwebjob.com www.anuario.com	Empleo en la construcción
www.administrativewebjob.com	Empleo para administrativos
www.animatium.com	Empleo para animadores socioculturales
www.artero.com	Empleo para peluqueros
www.ati.es	Empleo público en informática
www.azafatasypromotoras.com	Empleo en el sector
http://spaintiles.info/esp/servicios/bolsa_trabajo.asp	Empleo en el sector cerámico
www.clubdelvendedor.com/index.asp	Ofertas para comerciales
www.educajob.com www.colegios.com www.eduso.com www.cuadernalia.com www.colejobs.com	Empleo en educación
www.elagricultor.com/trabajoagrario/empleo.htm	Empleo agrario
www.elmedico.net www.metropoliglobal.com www.portalesmedicos.com www.efisioterapia.com www.enfermeria21.com	Empleo en sanidad
www.turiempleo.com/quees.php www.gastroempleo.com www.hosteleo.com www.pastimejob.com/	Empleo en ocio y hostelería
www.todoancianos.com	Empleo geriátrico
www.guia-editores.org www.infolibro.org	Sector Editorial
www.juniorsjob.com/ www.sinexperiencia.com/ www.primerempleo.com www.studentjob.com	Empleo para jóvenes
www.marketingwebjob.com/	Empleo en marketing y publicidad
www.mde.es/mde/ensenan/ensenan.htm	Empleo en las Fuerzas Armadas
www.modaempleo.com/ www.fashionjobs.com www.luxetalent.com	Empleo en el sector moda
www.psicoactiva.com/pro/default.asp	Empleo en psicología
www.secretariaplus.com/seleccion/index.asp	Empleo para secretarias

Empresas de Trabajo Temporal	
www.activa-ett.com	www.adcrrhh.com
www.adecco.es	www.altagestion.es
www.agio.es	www.attempora.es
www.auraett.com	www.claveconsulting.com
www.creyfs.es	www.fastes.es
www.flexiplan.es	www.manpower.es
www.people-ett.com	www.randstad.es
www.select.es	www.ofertasdeempleo.com
www.temporingett.com	www.unique.es

Teletrabajo	
www.aet-es.org Asociación Española de Teletrabajo	www.centraldetrabajo.com Central de teletrabajo
www.teletrabajo.es Página para buscar teletrabajo	www.sopde.es/cajo/teletrabajo Teletrabajo
www.angelfire.com/co2/teletrabajo/ El mundo del teletrabajo	www.laprimera.net/ Ofertas de teletrabajo

Boletines Oficiales
www.boe.es
www.andaluciajunta.es/BOJA
www.dipusevilla.es/bop/

Universidades andaluzas	
Sevilla	www.us.es
Pablo Olavide	www.upo.es
Cádiz	www.uca.es
Córdoba	www.uco.es
Huelva	www.uhu.es
Málaga	www.uma.es
Granada	www.ugr.es
Jaén	www.ujaen.es
Almería	www.ual.es

Apps para buscar empleo desde el smartphone	
Jobeeper	Indeed Job
Jobtoda	Careerbuilder
InfoJobs	Jobandtalent
Linkedin jobsearch	CornerJob
Trovit empleo	Work Today
Nubelo	Job and talent
Turijobs	Eures

En muchas ocasiones, la primera impresión que tenemos al darnos de alta en un portal de empleo es de que hay demasiados datos que rellenar y al comenzar el proceso, lo dejamos a medias. Es fundamental prestar especial atención al proceso de inscripción y completar todos los campos informativos requeridos.

No te olvides de lo siguiente:

- Debes tener el perfil completo.
- Busca por sector y profesión.
- Consulta las distintas ofertas de empleo.
- Redacta una carta de presentación personalizada y envía tu candidatura.

Anotación

Se recomienda tener disponible el currículum en un pendrive o en una carpeta electrónica, para poder copiar y pegar toda la información personal y experiencia laboral requerida.

No debemos preocuparnos si no podemos completar todo de una vez, ya que el proceso con InfoJobs es tedioso. Al registrarnos, recibiremos un nombre de usuario y una contraseña para acceder cuando lo necesitemos. Hay campos de obligado relleno, marcados con un asterisco rojo (*). No podremos pasar de página hasta que no los completemos.

A continuación, se explica cómo realizar el alta en el portal de InfoJobs paso a paso.

1. Se accede a la plataforma de empleo (www.infojobs.net).

2. Hay que dirigirse al buscador de ofertas de empleo / acceso a candidatos.

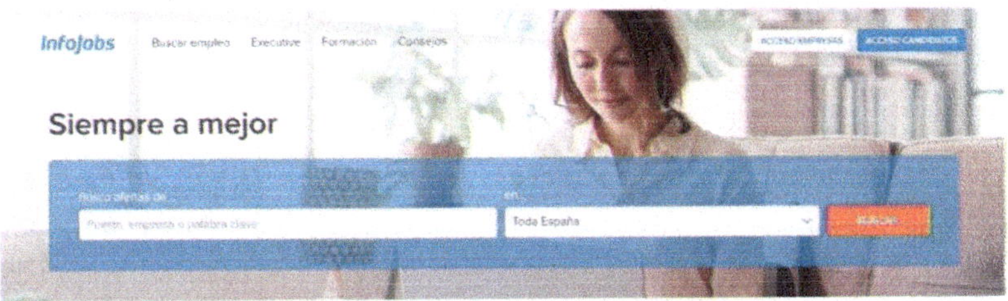

3. Hay que pulsar en Accede como candidato para darse de alta y completar el acceso una vez se hace el registro, con email y contraseña.

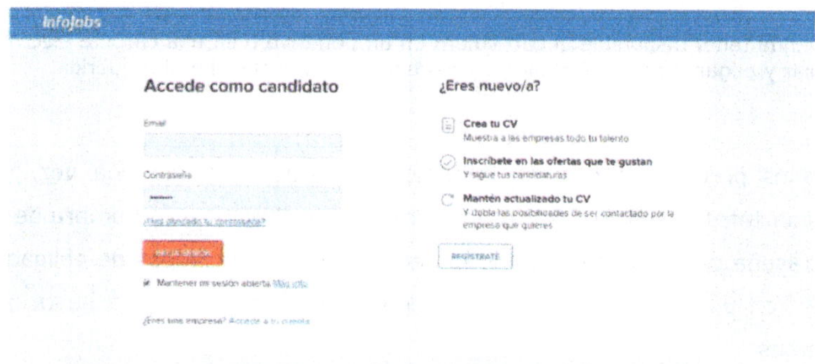

4. Para realizar el registro de alta de nuevo candidato hay completar el perfil con datos personales y establecer la contraseña.

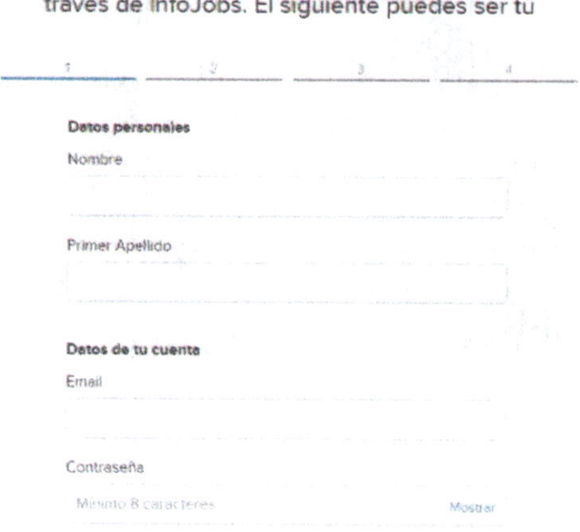

5. En el registro del candidato, se deben completar algunos datos personales.

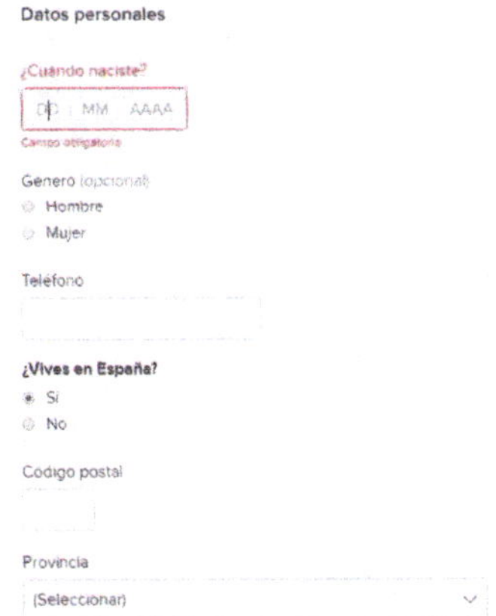

6. También debe completarse la experiencia profesional y la situación actual.

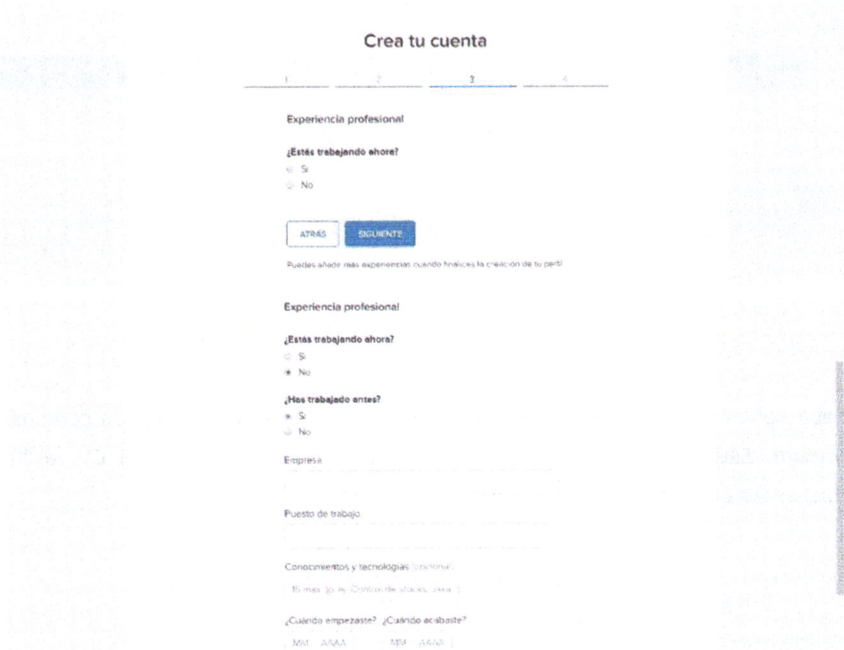

7. Se deben completar todos los estudios finalizados o los que están en curso.

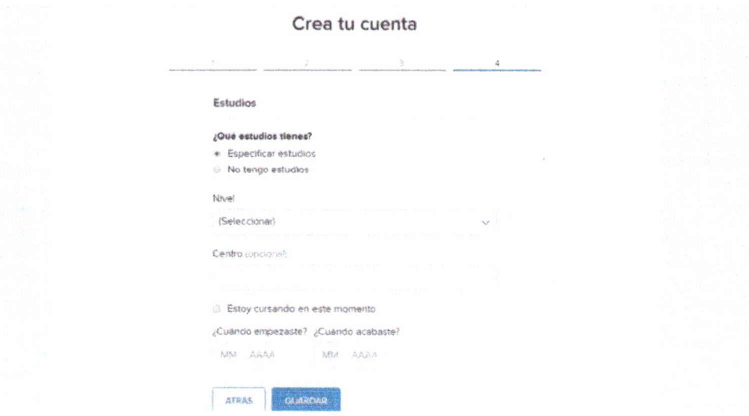

8. Al finalizar los apartados anteriores, se envía un correo electrónico de confirmación. El candidato debe acceder desde el enlace que se le envía desde InfoJobs para confirmar su registro.

Se debe volver a la página de inicio y acceder al perfil para terminar de completar el currículum. Esta plataforma permite además subir el documento del CV, así como establecer las preferencias de búsqueda de empleo.

Sugerencia

Resulta especialmente útil mantener el CV actualizado con la fecha del día en el que entramos en la plataforma y poner una fotografía actualizada y profesional, es decir, evitar fotografías recortadas de situaciones no profesionales.

El siguiente paso es comenzar a completar el currículum, en 8 pasos:

- **Paso 1**. Poner los datos personales, pero solo los obligatorios. Si tenemos web, blog, usuario en redes sociales también lo podemos poner. Es importante no poner direcciones completas, DNI...
- **Paso 2**. Añadir los estudios, ordenándolos desde el más reciente al más antiguo.
- **Paso 3.** Explicar bien los trabajos que hemos hecho y la experiencia que tenemos.
- **Paso 4.** Hay que explicar de que busco empleo.
- **Paso 5**. Definir todo lo que sabemos hacer, hay que correlacionar nuestros conocimientos con el trabajo que buscamos.
- **Paso 6.** Podremos hacer un copiar y pegar de nuestro currículum, que aparecerá en texto plano.
- **Paso 7.** Podemos subir nuestra foto, se recomienda sea neutra, como la del DNI.
- **Paso 8.** Incluir las "recomendaciones" de otros sitios en los que hayamos trabajado.

Hay distintas maneras de llegar a una oferta de empleo:

- Se recibe la comunicación de una oferta actual por correo electrónico. Se accede a InfoJobs para inscribirse si se hace clic en la oferta.
- Se accede a InfoJobs a través del vínculo "Acceso a Candidatos".

Para empezar a buscar ofertas en InjoJobs:

- Definir los parámetros para llevar a cabo la búsqueda.
- Revisar los resultados que más interesen en el listado.
- Hacer clic en la oferta y continuar con el proceso de inscripción.

El proceso de inscripción es el siguiente:

1. Leer la información del puesto de trabajo. Hay que leer toda la descripción de la oferta.
2. Hacer clic en el botón naranja para empezar la inscripción a la oferta.
3. Inscribirse en la oferta con el servicio básico o el premium.
4. Contestar algunas cuestiones, introducir la carta de presentación y confirmar la inscripción.
5. InfoJobs informa a los candidatos del resultado del proceso desde el apartado "Mis candidaturas".

2.1. Carta de motivación

Muchos portales de empleo pueden ofrecerte la opción o la obligación de incluir una carta de motivación en tu candidatura

En la carta de presentación que acompaña el CV debemos cuidar el vocabulario y la presentación. Debe ser una carta personalizada, en la que tenemos la ocasión de "vendernos" como candidatos, resaltando aquellos aspectos de nuestra formación o experiencia que estén directamente relacionados con el puesto vacante.

Estimados Señores,
En respuesta a su oferta de empleo publicada en el portal de empleo Infojobs, adjunto el presente Currículum vitae, solicitando ser incluida en el proceso de selección de:
Auxiliar Administrativo – Comercial.
También he presentado mi candidatura en el portal de empleo arriba indicado.
Agradeciendo la atención prestada,
Atentamente

Fig. 6. Ejemplo de carta de presentación

Una carta de motivación es un documento que detalla tus habilidades, experiencias y, lo que es más importante, el interés y motivación para unirte a esa empresa.

La carta de motivación y la carta de presentación son diferentes y se usan para cosas distintas. La carta de presentación se centra en sus habilidades y experiencias relevantes para un puesto específico, mientras que la carta de motivación se centra en sus aspiraciones y por qué eliges ese trabajo o institución.

Hay que aprovechar en tu carta de motivación para trasmitir:

- Motivación y compromiso.
- Interés por la empresa.
- Captar el interés de la empresa.

Algunos consejos para tu carta de motivación son los siguientes:

- Ten claro porque haces esta carta.
- Utiliza un lenguaje sencillo.
- Personaliza a la empresa a la que postulas.
- Que se vea tu entusiasmo.
- Investiga la empresa.

Nombre Apellidos Empresa
Calle Nombre de la calle, nº Pta.
Código postal Pueblo Ciudad
CIF
Teléfono

Lugar, fecha

Estimado/a Sr./Sra.,

Mi nombre es "Nombre Apellido". He decidido a contactar con ustedes por (motivación personal para escribirles esta carta). Una vez finalizados mis estudios de (titulación) en (nombre del centro), busco donde profundizar y aplicar de modo práctico los conocimientos adquiridos.

Estoy muy interesada/o en trabajar en el (área profesional que te gustaría ocupar). Con mi formación y especialización académica creo que podría serles útil a la hora de mejorar (qué aportaría tu perfil -juventud-aprendizaje-facilidad de adaptación). Por lo que sé, en el desarrollo de su empresa (mostrar que conoces o has hecho un seguimiento de la empresa) y estimo que (destacar cuál sería tu aporte para la empresa). Además, aunque este sería mi primer puesto de trabajo, anteriormente, he tenido la oportunidad de hacer prácticas en (lugar), donde aprendí a (describir conocimientos aprendido relacionados con los intereses de la empresa).

Una oportunidad como ésta sería para mí, no sólo un paso más en mi desarrollo profesional, sino personal. Es por eso, que me gustaría tener la oportunidad de conversar con ustedes en una entrevista para demostrarles mis aptitudes.

Esperando sus noticias, les saluda atentamente.

Muchas gracias,

Nombre Apellidos

Fig. 7. Ejemplo de carta de motivación

2.2. Uso de las redes sociales para la búsqueda de empleo

Para trazar una buena estrategia de búsqueda de empleo en redes sociales es importante tener en cuenta los siguientes consejos:

- **Crear un perfil adecuado para cada red social**. Al crear un perfil en una red social profesional, es importante que incluyas tu experiencia profesional, formación, competencias e intereses profesionales. Si quieres utilizar redes sociales más generalistas para buscar empleo, sigue a las personas más influyentes relacionadas con tu ámbito profesional y publica información sobre ese tema en concreto, posicionándote como experto. Si utilizas tus redes sociales de forma lúdica, asegúrate que los reclutadores no encontrarán imágenes comprometidas o poco profesionales asociadas a tu nombre y apellidos.
- **Muestra tu objetivo profesional**. Utiliza las redes sociales profesionales para mostrar cuál es tu objetivo profesional y qué tipo de trabajo buscas. De esta forma facilitas el acceso a la información a los reclutadores.
- **Sigue a grupos o empresas que sean de tu interés**. Dedica un tiempo a buscar empresas y grupos vinculados con tu ámbito profesional y contacta con ellos. Participa en los debates, aporta tus conocimientos y posiciónate como una persona experta en el tema.
- **Busca contactos**. Los contactos no se tienen que limitar a personas que conozcas personalmente, pueden ser referentes para el sector o personas con las que hayas trabajado (aunque sea brevemente), por ejemplo. Se trata de crear una red de contactos útiles.
- **Sé activo en la red**. Para mejorar el perfil, es recomendable que compartas artículos, publicaciones u otras informaciones que puedan ser de interés para tus contactos. Si creas un perfil profesional en una red social no lo abandones, intenta mantenerlo actualizado.

Ten en cuenta los siguientes errores más habituales para no cometerlos durante tu búsqueda de empleo a través de las redes sociales:

- Buscar empleo en una única red social.
- Cuidar poco la marca personal. Tu perfil es tu marca.
- No separar lo personal de lo profesional.
- Descuidar la seguridad.
- Utilizar un lenguaje poco adecuado o criticar a antiguos compañeros.
- Tener poca actividad.
- Realizar aportaciones de poco valor.
- No actualizar tus contactos.
- No responder de forma rápida a los mensajes o comentarios.
- Escribir en forma de monólogo, sin esperar que nadie responda.

A continuación, encontrarás las principales redes sociales profesionales para encontrar trabajo en Internet.

- **LinkedIn**. Es la red social profesional por excelencia y la que más usuarios registrados tiene. Es utilizada tanto por usuarios que buscan empleo, como por reclutadores que buscan candidatos. La creación de tu perfil en esta red es similar a publicar un CV. Puedes crear una red de contactos profesional y unirte a grupos que comparten tus mismos intereses. También puedes acceder a ofertas de empleo.
- **Xing**. Es similar a LinkedIn. Te permite contactar con profesionales de cualquier sector y consultar ofertas de trabajo. También puedes apuntarte a grupos de tu interés y compartir información y opiniones sobre temas específicos.
- **Shapr**. Esta red social te ayuda a conectar con personas de tu ámbito laboral que tengan tus mismos intereses. Puedes filtrar según tus objetivos, por ejemplo, encontrar un trabajo, hacer amigos, reclutar talento o encontrar mentores.
- **BeBee**. Se trata de una red social nacida en España centrada en la marca personal. En base a tus intereses profesionales, podrás encontrar ofertas de empleo, contactar con profesionales del sector y crear tu propio blog.

- **Womenalia**. Está enfocada principalmente al *networking* entre mujeres. La finalidad de esta red social es fomentar el talento femenino en los diferentes sectores profesionales. Su funcionamiento es muy parecido al de las otras redes sociales, permite crear un perfil de usuario y acceder a diferentes contenidos de desarrollo profesional.
- **Gust**. Es una red social profesional dirigida a *startups*. La finalidad de esta plataforma es poner en contacto a emprendedores y ayudarte en la gestión de tu nueva empresa, fundamentalmente, en búsqueda de inversores y financiación.
- **Instagram**. La reina de las redes sociales se ha convertido en uno de los escaparates favoritos de los cazatalentos de casi cualquier sector. Si tienes en mente empezar a destacar en alguno, buscar empleo y lanzarte como profesional, hazte una cuenta, pero hazlo con cabeza.

  Si añades a tu nombre de usuario una palabra clave del empleo de tus sueños, les serán más fácil encontrarte. Además, habla sobre ello en tu biografía, busca perfiles similares a lo que tú quieres, para inspirarte. Puedes hacerte un Linktree para linkearlo y subir ahí todos tus trabajos. Por tus datos de contacto y crea contenido interesante.
- **TikTok.** Sí pones #tiktokresume podrás ver los currículums que hacen los tiktokers. Aunque la mayoría están en inglés, los hay buenísimos y te pueden dar ideas, o al menos te reirás un rato, sí, muchos recurren al humor para contar sus talentos. Otra aplicación de la plataforma es TikTok careers, que te ayuda a buscar empleos en medio mundo; en inglés y de momento sin ofertas de puestos en nuestro país.

2.3. Networking en la búsqueda de empleo

El networking es la creación de una red de contactos profesionales que pueden ayudarlo a encontrar trabajo, encontrar nuevas oportunidades laborales o atraer clientes para su empresa.

Las personas que tienen su propio negocio o quieren hacerlo, como emprendedores, autónomos o empresarios, encontrarán el networking particularmente atractivo.

Asistir a reuniones de networking, ya sean presenciales o virtuales, o unirse a grupos de redes sociales profesionales, te permitirá conectarte con profesionales del mismo sector, encontrar inversores o socios, dar visibilidad a tu negocio o encontrar proveedores y clientes potenciales.

Podemos hacer networking si se planifica correctamente.

- **Ten claro los objetivos**. ¿Para qué hacer networking?
- **Establece que contacto necesitas deseas establecer.**
- **Prepara una presentación profesional (*elevator pitch*).** Explicar tu experiencia, tu objetivo, tu proyecto, en lo que sube un ascensor.
- **Identifica y contacta con las personas de interés**.
- **Participa en eventos de networking**.
- **Utiliza las redes sociales profesionales**.
- **Cuida tu marca personal**. Separa lo personal de lo profesional y cuida todo aquello que publiques en la red.
- **Lleva un registro**. Mantén un registro de los contactos, el orden te va a ayudar.
- **Vuelca y facilita tus conocimientos a la red de contactos**.

Entendiendo al networking como espacios de encuentro con otras personas pertenecientes al mismo sector, podemos decir que, hoy, existen muchos tipos de encuentros con este fin.

A continuación, se exponen los más frecuentes.

A. Afterwork

Como su nombre lo indica, el afterwork se trata de un encuentro que se da una vez finalizada la jornada laboral. Es una instancia que tiene un carácter en general informal y que suele darse en espacios relajados, como puede ser una cena.

Con un carácter marcadamente desenfadado, estos encuentros suelen vincular a colegas que buscan ampliar la red de contactos de su negocio.

B. Desayuno

A diferencia del caso mencionado anteriormente, estos encuentros suelen darse a primera hora de la mañana, en general antes del ingreso a la actividad laboral.

Es también un evento distendido e informal del que suelen participar unos pocos asistentes, con el fin de intercambiar distintas ideas.

C. Networking online

Actualmente, las nuevas tecnologías han permitido un cambio sustancial en la forma de llevar a cabo encuentros. En este sentido, la modalidad de networking online o a distancia es una posibilidad que ha crecido considerablemente a lo largo de los últimos años.

Por lo general, distintas redes profesionales fomentan la formación de grupos en torno a un sector. Así, se planifican eventos que suelen relacionarse con una temática concreta y que reúnen a personas del área para debatir al respecto, compartir ideas y tendencias y entablar vínculos.

D. Congresos y convenciones

Con un carácter marcadamente más formal, los congresos y convenciones son de las instancias de networking más antiguas y tradicionales.

Habitualmente, se convocan para el debate y la difusión de nuevas tendencias e ideas del sector en particular.

A estos eventos suelen ser convocados distintos referentes de un área, como así también todos aquellos emprendedores que están comenzando a desarrollarse en la misma. Por eso, son eventos que tienen un rol formativo a la vez que son espacios por excelencia para generar contactos.

E. Networking estratégico

Finalmente, se entiende como networking estratégico a todos aquellos eventos a los que un emprendedor acuda con un objetivo de negocio a largo plazo y en el marco de su estrategia global. Por lo general, son eventos en los que se busca particularmente dar a conocer a la marca y captar nuevos clientes.

3. Preparación de la entrevista de trabajo

El proceso de selección consiste en encontrar a una persona que reúna los requisitos para cubrir un puesto de trabajo. Previamente a la selección se debe definir el puesto de trabajo a cubrir, donde vendrá detallado aquellos elementos que principalmente la empresa tiene en cuenta a la hora de seleccionar a la persona ideal, que son la formación, experiencia y competencias laborales.

Fig. 8. La competencia en el proceso de selección nos motiva a prepararnos mejor y a demostrar nuestro valor añadido

Las fases del proceso de selección son las siguientes:

1. Definir el puesto de trabajo a cubrir y las funciones a desarrollar. Esto ayuda a los reclutadores a filtrar a los posibles candidatos y limitar la búsqueda.
2. Publicar la oferta de empleo, con las características exigidas para el desempeño del puesto de trabajo (formación mínima requerida, experiencia

laboral y competencias técnicas).

3. Preseleccionar a los candidatos. Se realiza a través de la criba del currículum vitae.
4. Realizar pruebas de selección y entrevista. Se citan a los posibles candidatos para realizar las pruebas que la empresa determine (tests psicotécnicos, pruebas físicas, dinámicas grupales, etc.).
5. Seleccionar a la persona que supera el proceso final, a través de una entrevista personal.

3.1. Tipos de entrevista

En primer lugar, podemos destacar, que independientemente del tipo de entrevista la persona candidata puede encontrarse a uno o varios entrevistadores.

La entrevista en función del número de participantes se puede clasificar de la siguiente manera:

- **Individual**: Este tipo de entrevista permite ampliar información del currículum y analizar otros aspectos de la persona candidata que son necesarios para el correcto desempeño del puesto.

- **Colectiva o grupal**: pueden cumplir la función de filtro para detectar a aquellas personas candidatas que encajan mejor en el perfil que la empresa busca o pueden ser una opción para detectar competencias de trabajo en grupo. Hay veces que pueden resultar mucho más intimidatorias que las individuales porque te encuentras ante el desafío de dejar una buena impresión y además destacar entre varios candidatos. Conocerlas de antemano puede ayudar sentirte con mayor seguridad.

Algunas técnicas que se utilizan en una entrevista grupal son: entrevista panel, roleplaying, foro, debate, tormenta de ideas, mesa redonda, etc.

Los tipos de entrevista según su estructura son los siguientes:

- **No estructurada**. El más común, la propia interacción será la que determine el tipo y orden de preguntas, cada entrevista será única y personalizada para cada persona entrevistada.

  Alguna información solo se podrá obtener a través de este tipo de entrevista, pero al mismo tiempo presenta la dificultad de no poderse analizar los resultados.

- **Estructurada**. Las preguntas están fijadas previamente, también su orden, así como el tipo de respuestas que se espera de las mismas. Permite comparar a cada una de las personas entrevistadas en función de los resultados. Tiene la limitación de no poderse realizar feedback.

- **Semiestructurada**. Las preguntan presentan algo de estructuración con un guión donde se pueden realizar preguntas preestablecidas, pero al mismo tiempo se combina con otras preguntas que puedan surgir de forma flexible y que serán interesantes para profundizar en el perfil de la persona candidata.

A continuación, se exponen otros tipos de entrevistas habituales.

A. Entrevista de tensión

Esta modalidad de entrevista busca provocar un clima de tensión con preguntas incómodas e intimidatorias. Se suelen llevar a cabo para valorar si la persona candidata será capaz de llevar el ritmo del puesto de trabajo. No son muy recomendables por cuestionarse su ilegalidad.

Se pueden emplear preguntas incómodas, con actitudes de superioridad e incluso no teniendo en cuenta la presencia de la persona candidata al puesto. El objetivo es valorar sus reacciones y personalidad.

B. Entrevista por teléfono

La entrevista por teléfono es el primer filtro que algunas empresas suelen aplicar antes de la entrevista personal. Con este filtro la empresa puede identificar y descartar de forma más ágil a las personas que no se ajusten a las necesidades del puesto de empleo lo que supone un ahorro de tiempo y costes.

Generalmente, no suelen excederse en el tiempo, suelen durar más o menos de 5 a 10 minutos, en los que la persona seleccionadora tratará de resolver aquellas dudas que tenga en torno al CV, conocer más información sobre la persona candidata o comprobar si cumple con los requisitos necesarios.

A priori, este tipo de entrevista puede no parecer del todo importante. Sin embargo, es reveladora y determinante, ya que puede marcar que la persona candidata continúe o no en el proceso de selección. Se trata de una oportunidad muy valiosa que la que le permite demostrar con cuenta con las habilidades requeridas para pasar a la siguiente fase del proceso.

Algunos consejos para superar esta modalidad de entrevista:

- **El tono de voz**: se recomienda un tono de voz normal, adecuado ni elevado ni con susurros.
- **Sonrisa**: aunque no te vean, se debe notar que se está sonriente y con una actitud positiva.
- **Ruidos de fondo**: es importante evitar cualquier tipo de distracción como los ruidos, ya que puede suponer una barrera en la comunicación, por lo que se recomienda situarse en algún lugar libre de ruidos.
- **Papel y lápiz**: con la euforia de la llamada, se nos puede pasar anotar quien nos llama, de que empresa, si es necesario aportar algún tipo de documentación y donde enviarla, así como el lugar que nos han citado para la entrevista presencial. Se recomienda dejarlo todo por escrito y tener estar herramientas a mano.
- **Conocer tu CV**: importante contar con una copia del CV a mano, para que nos sirva de guía ante posibles preguntas que nos hagan acerca de nuestra trayectoria formativa-laboral.

- **Conocer la empresa**: es importante tener una agenda donde cada día se anote las empresas donde hemos propuesto nuestra autocandidatura. Queda muy mal que nos llamen y no sepamos de que sitio es.
- **Cuidar los silencios**: se recomienda no interrumpir al interlocutor, y mantener una escucha activa. Aunque no está demás realizar al final algún tipo de pregunta que clarifique cualquier duda que tengamos o información que no se haya comprendido bien.
- **Horario de oficina**: si te encuentras en un proceso de búsqueda de empleo, sabrás que a partir de una hora podrían llamarte para una entrevista y da muy buena sensación que te vean con energía y despierto. Se recomienda que tus horarios de búsqueda de empleo sean similares a como si se tratase de una oficina.
- **Agradecer**: antes de finalizar la llamada, es importante mostrar agradecimiento por haberte dado la oportunidad de haber tenido una entrevista con ellos.

C. Videoentrevista

Una videoentrevista de trabajo es un tipo de entrevista laboral que, en lugar de realizarse en persona, se lleva a cabo en remoto. A través de una herramienta digital (Teams, Skype, etc.) que tiene la función de realizar una llamada de vídeo, la empresa y la persona candidata se ponen en contacto desde diferentes ubicaciones geográficas.

Este tipo de entrevista de trabajo es bastante similar a la presencial, en tanto que el proceso es parecido y suelen realizarse las mismas preguntas.

Se exponen una serie de recomendaciones para este tipo de entrevistas:

- Apariencia personal cuidada, así como el lugar donde te vas a situar para la entrevista. Se recomienda que el fondo tenga colores neutros y que no esté cargado de elementos que inviten a la distracción.
- Siempre se debe comprobar la conexión con anterioridad. Se recomienda

realizar pruebas previas para evitar imprevistos de última hora.

- Hay que elegir un lugar con luz adecuada y sin ruidos. Es importante que te encuentres solo, sin interrupciones ni ruidos que no hagan posible una entrevista con éxito.
- Postura correcta, con espalda recta y posición corporal relajada. Hay que transmitir naturalidad y serenidad.
- La altura de la cámara debe estar ajustada para favorecer la visión con la persona que te realiza la entrevista, que de la sensación de cercanía y se debe mirar a la cámara mientras se mantiene la conversación.
- Es muy importante la puntualidad. Debes conectarte unos minutos antes para evitar cualquier problema que pueda darse en el último momento.
- Se debe realizar una escucha activa, sin intervenir sin pedir la palabra y respetando los turnos.
- Actitud alegre y natural, mostrándola a través de tu sonrisa.
- Transmite qué cualidades tienes y que sea un punto importante para valorar en positivo.
- Resuelve las dudas que tengas o pregunta aquellas cosas que no te hayan quedado clara durante la entrevista.
- Te debes despedir mostrando agradecimiento y siempre hay que esperar a que sea la otra persona la que finalice la entrevista y cuelgue la llamada.

Fig. 9. Se debe verificar la conexión a internet y asegurarse de tener una conexión estable para evitar interrupciones durante la entrevista

D. Entrevista competencial

Este tipo de entrevista se centra en evaluar las habilidades, comportamientos y experiencias previas que tiene la persona candidata. Se formulan preguntas específicas relacionadas con competencias clave necesarias para el puesto, ya sean habilidades técnicas, sociales o emocionales.

Para preparar este tipo de entrevistas, es aconsejable identificar las competencias clave del puesto y anticiparse a las posibles preguntas que puedan realizarle en el proceso de selección.

Algunos ejemplos de preguntas que pueden realizarte para valorar que eres la persona perfecta para el puesto de trabajo:

- Háblame de ti.
- ¿Por qué quieres trabajar en nuestra empresa?
- ¿Cuáles son tus fortalezas?
- ¿Cuáles son tus debilidades?
- Cuéntanos algún problema que te surgió en tu anterior trabajo y como lo resolviste.
- ¿Dónde crees que estarás trabajando dentro de 5 años?
- Explica un momento de tu vida en el que sintieras orgullo.
- ¿Cómo te ves trabajando en equipo?
- ¿Cuáles fueron los motivos por los que se terminó tu último trabajo?
- ¿Cómo te adaptas a situaciones nuevas?

E. Elevator pitch

El concepto de *elevator pitch* nace en los entornos de emprendimiento, para realizar una presentación de tu modelo o idea de negocio en apenas dos minutos (lo que dura un viaje en ascensor con un posible inversor, de ahí su denominación). Esta técnica se extrapoló después a otras áreas, como la selección de personal.

Existen formas variadas y dispares de elaborar un buen *elevator pitch*. No obstante, podríamos decir que en el discurso o esquema sobre el que se asienta, todos ellos comparten alguna de estas características básicas:

- **Creatividad:** debes ser creativo al explicar tu idea. Tratar que la persona receptora recuerde la conversación que mantuvisteis durante largo tiempo. Dejar huella es el primer paso para enamorar y para, finalmente, convencer.
- **Anticipación:** también es importante incluir en el discurso las respuestas a posibles dudas sobre tu modelo o perfil profesional. No debes permitir ningún resquicio a la interpretación o la duda.
- **Concisión:** tienes dos minutos. Por lo tanto, tus frases deben ser directas, cortas y con la suficiente claridad para que la exposición resulte ágil y limpia para quien la recibe.
- **Convicción:** por último, importa mucho el tono. Debes transmitir pasión, fe y seguridad en lo que estás contando, pero nunca parecer artificioso, exagerado o demasiado agresivo.

Si trasladamos esta técnica a una entrevista de trabajo, su estructura podría parecerse a esta:

- **Datos objetivos básicos**: formación, años de experiencia y los éxitos más destacables de tu trayectoria laboral.
- **Habilidades principales o puntos fuertes**: definir las *soft skills* que te caracterizan, o las capacidades que puedes aportar como valor añadido al puesto.
- **Idea central potente sobre tu candidatura**: intentar atraer la atención del reclutador hacia tu candidatura. Explicar tu especial interés en el puesto o en la empresa, o bien argumentar por qué eres el candidato ideal en el proceso, te puede servir en esta parte final y como cierre de tu *elevator pitch*.
- **Moviliza al reclutador**: incita a que a confíe en ti, a comprobar lo que le cuentas. Muéstrale tu plena disposición y solicita tu oportunidad.

Este tipo de discurso debe prepararse muy bien. Hay que tener muy claro el guion a seguir, o bien crear un mapa mental lo suficientemente claro para no dejarnos nada en el tintero en nuestro discurso.

Fig. 10. En un elevator pitch debes evitar incluir detalles innecesarios

3.2. Aspectos clave previos a la entrevista

La entrevista es un paso muy importante en el proceso de selección, de ahí la necesidad de prepararla a conciencia y controlar algunos aspectos que pueden resultar decisivos para alcanzar un resultado exitoso.

Entre estos aspectos podemos destacar: la ansiedad, la imagen personal, el análisis del puesto, el autoconocimiento y el curriculum vitae.

A. Nervios

¿Por qué nos ponemos nerviosos ante las entrevistas? En la entrevista nos jugamos mucho en muy poco tiempo y normalmente sin optar a una segunda oportunidad.

Cuanto más vital e importante sea para la persona candidata con mayor intensidad sentirá la ansiedad, el nerviosismo y la tensión.

Existen técnicas breves y concretas que pueden ayudarnos a manejar la ansiedad:

- **Preparar la entrevista**. Esto aporta sensación de control y evita la indefensión y el miedo a lo desconocido.
- **Técnicas de relajación**. Se puede practicar la respiración profunda momentos antes de la entrevista.
- **Control de los pensamientos ansiógenos**. Los pensamientos ansiógenos podemos controlarlos, realizando una detección de estos e intentar sustituirlos por pensamientos que resalten los aspectos positivos que se poseen.

B. Imagen personal

La primera impresión cuenta a la hora de buscar trabajo. El ser humano es visual por naturaleza, tendemos a fijarnos en los detalles, especialmente en momentos importantes que puede que sea determinante para ser aceptado o excluido en un proceso de selección.

Algunos consejos para que tu imagen siempre te ayude y juegue a tu favor en tu próxima entrevista de trabajo podría ser:

- Utilizar un estilismo cómodo y adecuado a tu tipología corporal sin perder tu identidad. Evitar el uso de complementos ostentosos, prendas de colores llamativos.
- Asistir aseado, bien afeitado o usar un maquillaje sencillo. No usar colonia o perfumes fuertes, se recomienda mejor colonias frescas o neutras.

C. Análisis del puesto de trabajo

Hay que conocer la empresa. Se debe averiguar todo lo que pueda acerca de la empresa: su historia, su situación actual y su futuro. Para ello, podemos utilizar fuentes de información como Internet, publicaciones periódicas y publicaciones especializadas en el sector, informes, anuales, etc.

Se debe conocer el puesto. Es aconsejable tener un amplio conocimiento del puesto, los deberes y responsabilidades ligadas a él y qué se espera del candidato. Para ello es necesario tener respuesta para preguntas del tipo: ¿Cuál es la misión del puesto? ¿Cuáles son las principales funciones y tareas? ¿Qué competencias se requieren? ¿Cuál es el nivel de responsabilidad?

D. Autoconocimiento

Es conveniente hacer una revisión de nuestra vida profesional a conciencia: fechas, cargos, responsabilidades, competencias y logros. Estar preparado para dar ejemplos concretos de los logros y cómo pueden ayudar las experiencias a la resolución de problemas.

Concentrarse en los últimos cargos desempeñados, pero sin eludir los primeros años de profesión. Analizar lo aprendido de los fracasos.

D. Currículum

El currículum es la herramienta que nos ha permitido acceder a la entrevista de trabajo, por lo que es importante:

- Recordar bien el contenido de cara a la entrevista o parecerá que lo ha elaborado otra persona por ti.
- Memoriza fechas y los nombres de las empresas para las que has trabajado, pues olvidarlas en una entrevista o no mostrarse seguro dará muy mala impresión.
- Ten en cuenta los espacios de tiempo sin formación o experiencia, ya que seguramente te preguntaran por ellos y debes tener preparada una respuesta.
- Identifica lo aprendido en cada experiencia laboral (funciones, competencias, logros etc.), ya que pueden preguntarte por una de ellas en concreto, no importa que hayas estado poco tiempo resalta lo aprendido.

Fig. 11. Aunque la empresa tenga una copia digital, tener una versión impresa puede ser útil

3.3. Desarrollo de la entrevista de selección

La entrevista de trabajo es el momento en el que se cita a la persona candidata para realizarle una serie de preguntas con el objetivo de valorar su idoneidad al puesto de trabajo.

Toda entrevista tiene una serie de fases que finaliza con la inserción laboral de la persona elegida para cubrir el puesto de trabajo vacante.

Las fases de la entrevista de trabajo son las siguientes:

A. Fase de inicio

En esta fase, se recibe a la persona candidata y se presentará, explicando los motivos y los objetivos de la entrevista, pidiendo su colaboración. Por lo tanto, en esta primera fase es aconsejable mantenernos a la escucha, sin intervenir mucho en la conversación, dejando hablar y esperando a que comience a realizarnos las preguntas.

Además, también suele ser común en esta fase que realice una presentación de la empresa y comente los detalles del puesto a cubrir: nombre del puesto, departamento en el que se incluye, funciones, responsabilidades, dependencia de superiores, personas a cargo, etc. con el fin de que la persona candidata pueda también evaluar si la empresa y características del puesto le pueden interesar.

No obstante, hay ocasiones en que esta presentación la realiza la persona que realiza al final de la entrevista, con el fin de no dar detalles de la empresa y características del puesto por adelantado ya que puede hacerle modificar sus respuestas a las preguntas planteadas durante la entrevista.

B. Fase intermedia

Es el momento en el que se profundiza en el currículo, sus estudios reglados, formación complementaria, experiencia profesional y habilidades y competencias. También se pueden plantear preguntas personales o de su ámbito social, aficiones, que espera del puesto de trabajo y cuál fue su motivación a la hora de presentarse a la oferta de trabajo.

Es la fase más importante ya que se valorará el compromiso, disponibilidad, y motivación.

C. Fase final

En esta fase, también llamada fase de cierre, se concluye la entrevista y se informa cuándo, llegado el caso, se pondrá la empresa en contacto con la persona candidata. Así mismo, una vez que se ha obtenido toda la información necesaria respecto a los puntos fuertes y débiles de la persona candidata con relación al puesto a cubrir, normalmente le suele dar la posibilidad de preguntar cualquier duda o cuestión que quiera plantear.

En esta fase, la realización de preguntas puede generar una buena opinión, ya que muestra un interés por el puesto y la empresa.

El preparar dichas preguntas de antemano puede ayudar a:

- Demostrar un conocimiento tanto de la empresa como del sector.
- Conseguir una relación de mayor cercanía con el entrevistador.
- Conseguir dirigir las preguntas hacia terrenos donde pueda hablar de sus éxitos profesionales pasados.
- Obtener la información suficiente que necesite para evaluar la empresa y el puesto.

Debes considerar que el proceso de pasar por una entrevista, incluso aunque no te seleccionen, supone una experiencia positiva que te aportará seguridad para afrontar nuevas entrevistas como situaciones más conocidas.

4. Gestión emocional en la búsqueda de empleo

En la década del 90, el psicólogo Daniel Goleman introdujo la noción de inteligencia emocional la cual describe en base a cinco aspectos personales y emocionales:

- Autoconocimiento emocional.
- Autocontrol emocional.
- Automotivación.
- Empatía.
- Habilidades sociales.

Según señala Daniel Goleman, la inteligencia emocional es la clave del éxito personal. La gestión emocional en la búsqueda de empleo es fundamental para mantener una actitud positiva y constructiva a lo largo del proceso.

La gestión emocional es la aptitud de comprender las emociones de otras personas, al igual que las propias y manejarlas de forma apropiada.

4.1. Las emociones

Las emociones son reacciones que se originan en nuestra persona como respuesta a las modificaciones ocasionadas en nuestro ambiente o en nosotros mismos.

Las emociones son inherentes a todos los seres humanos; no se pueden controlar ya que contienen un componente biológico que es lo que las hace inevitables. Lo que sí podemos hacer, es aprender a gestionarlas. Cuando aprendemos a reconocerlas y a manejarlas podemos obtener efectos positivos de todas las emociones o, al menos, podremos evitar que no nos afecten negativamente.

Es normal y esperable que en nuestra búsqueda de empleo surjan un sinfín de emociones; dependerá de cada persona que estas emociones faciliten o entorpezcan el proceso de búsqueda de empleo.

Este tipo de inteligencia no consiste en alterar la capacidad de generación de emociones con respecto a diferentes estímulos, sino se relaciona más con la reacción que una persona tiene frente a ellas.

La esencia para saber manejar nuestras emociones puede resumirse en lo siguiente:

A. Saber quién eres: conocerte

En primer lugar, para conocerse, es recomendable leer "El cuento del samurái y el sabio", ya que ayuda a reflexionar sobre cuántas veces hemos estado dominados por nuestras emociones, tal como le ocurre al samurái, que se ve inmerso en un primer momento en la cólera y luego toma conciencia de su estado y logra dominarla.

Al iniciar el proceso de reconocer nuestras emociones, nos tendremos que enfrentar a situaciones similares a las que se relatan en el cuento: vernos manipulados por emociones de las que no éramos conscientes.

Esto nos permitirá responder algunas preguntas:

- ¿Qué emociones permanecían ocultas en tu vida?
- ¿Cuáles predominan en tu día a día?
- En tu búsqueda de empleo ¿qué emociones predominan?

<u>Cuento del samurái y el sabio</u>

Hace muchos años, tantos que se convierten en siglos, un samurái que había vivido infinidad disputas luchando por su vida y en ocasiones por su muerte, fue a visitar a un anciano sabio para exponerle una duda que le atormentaba desde hacía mucho tiempo.
- Señor -dijo-, me hallo aquí porque necesito saber si existe el cielo y el infierno.
- ¿Quién lo pregunta? -dijo el sabio.
- Un samurái -respondió.
- ¿Y tú con este aspecto eres un samurái? Seguro que no eres más que un necio y un cobarde.
El samurái, encolerizado, desenvainó al pronto el sable, momento en el que el sabido dijo:
- Ahora se están abriendo para ti las puertas del infierno.
El samurái tuvo un punto de lucidez y comprensión, de modo que recuperó su compostura mientras que enfundaba el sable, y el sabio dijo en esta ocasión:
- Ahora realizas el camino hacia las puertas del cielo.
Se dice que el samurái tras este suceso abandonó su oficio y vivió en paz.

Por otro lado, es importante conocer la tabla periódica de las emociones, una representación visual que organiza las emociones humanas de manera similar a una tabla periódica de elementos químicos. Esta tabla fue propuesta por el psicólogo Robert Plutchik en la década de 1980 y ha sido utilizada como una herramienta conceptual para comprender la complejidad y la diversidad de las emociones humanas.

Plutchik identificó ocho emociones primarias, que son las siguientes:

- **Alegría**: Sentimiento de felicidad, placer o satisfacción.
- **Tristeza**: Sensación de pesar, desánimo o pérdida.
- **Miedo**: Emoción relacionada con la percepción de peligro o amenaza.
- **Ira**: Sentimiento de enfado, frustración o irritabilidad.
- **Asco**: Emoción de repulsión o aversión hacia algo desagradable.
- **Sorpresa**: Reacción ante algo inesperado o asombroso.
- **Confianza**: Sentimiento de seguridad, fiabilidad o creencia en uno mismo o en los demás.
- **Anticipación**: Emoción relacionada con la expectativa o la preparación para algo.

Estas ocho emociones primarias se pueden combinar entre sí para formar emociones secundarias y terciarias, creando así una amplia gama de emociones humanas. La tabla periódica de las emociones de Plutchik organiza estas emociones de manera visual, utilizando colores y una estructura similar a la de la tabla periódica de elementos químicos, lo que facilita la comprensión de sus relaciones y combinaciones.

Fig. 12. Tabla periódica de las emociones

De la tabla periódica de las emociones, selecciona seis emociones que sientes respecto a tu búsqueda de empleo y reflexiona sobre la influencia que está teniendo en tu día a día.

Si son emociones negativas reflexiona sobre qué podrías hacer para que no te afecten a la hora de buscar empleo.

Si son emociones positivas reflexiona sobre qué te aportan en tu proceso de búsqueda de empleo.

Tomar conciencia de cómo respondemos emocionalmente a las diversas situaciones que nos acontecen durante el día, nos da la oportunidad de moldearlas ya sea en la manera en que reaccionamos como en la intensidad con que lo hacemos.

Por ejemplo, si estamos en búsqueda de empleo y nos suena el teléfono podemos actuar respondiendo con ansiedad o podemos escoger tomarnos un minuto, respirar profundo y luego responder de forma sosegada.

Lo mismo cuando tenemos una entrevista, seguro que el hecho de reconocer la emoción que nos provoca y saber que ese miedo, esa inseguridad o esa ansiedad la podemos gestionar para convertirla en serenidad, hará la diferencia.

B. Alfabetización emocional

La alfabetización emocional consiste en un procedimiento que se inicia cuando reconocemos nuestras emociones y somos capaces de expresarlas en palabras.

El lenguaje con que nos expresemos, las palabras que utilicemos determinarán nuestro mundo, cómo nos percibimos y cómo percibimos nuestro entorno.

Además de ser conscientes de nuestras emociones, debemos reconocer cómo nos expresamos, qué palabras utilizamos y el efecto que tienen sobre nuestra realidad. Puede ocurrir que el significado que tú le das a una emoción, para otra persona puede tener un significado diferente

La alfabetización emocional es importante para tu búsqueda de empleo porque implica la búsqueda de una nueva realidad. Y de acuerdo a cómo percibamos esa realidad, cómo la nombremos, el proceso de encontrar trabajo será más o menos complicado.

Por ejemplo, no es lo mismo tener que enfrentarse a una entrevista de trabajo sintiendo temor que sintiendo miedo. El miedo paraliza mientras que el temor te puede provocar cierta inseguridad a la que te puedes enfrentar y gestionar.

Al prestar atención a las palabras que utilizas para comunicarte, percibirás que éstas son capaces de abrirte a nuevas oportunidades o limitar tus acciones.

C. Cambiar el paradigma

Un paradigma emocional se refiere a la actitud con la que enfrentamos las situaciones en nuestra vida personal y profesional. Es la capacidad de confiar en nuestras habilidades intelectuales y emocionales para superar obstáculos y lograr nuestros objetivos.

Cambiar de paradigma, por lo tanto, consiste en cambiar la actitud para poder controlar nuestras emociones, comprender cómo nos sentimos y cómo nuestras emociones pueden influir en nuestras decisiones y acciones.

Cuando consigas gestionar tus emociones y sepas expresarlas de tal manera que te abran posibilidades, te sentirás más liviana a la hora de encarar tu búsqueda de empleo ya que podrás apreciar todos los recursos que están a tu disposición.

Los beneficios de la gestión emocional en la búsqueda de empleo son los siguientes:

- Conocerás tus puntos fuertes.
- Habrás identificado aquellos puntos que debes mejorar.
- Te sentirás más seguro.
- Tu actitud habrá mejorado al enfrentarte a la búsqueda de empleo.
- Podrás gestionar tus emociones cuando tengas que enfrentarte a una entrevista.

- Te expresaras de tal forma que tendrás seguridad de estar transmitiendo lo que querías.
- Disminuirá el miedo, el estrés y la ansiedad.
- Podrás relativizar si quedas descartado de un proceso selectivo.
- En general, tendrás una visión más amplia de tus posibilidades para acceder al mercado laboral.

4.2. Autoconocimiento

El **autoconocimiento** se define como 'el resultado de un procedimiento de introspección por el que una persona obtiene un conocimiento, una imagen, de sí misma'. Se trata de cómo nos vemos.

Cuando estamos inmersos en la búsqueda de empleo, tener claro una visión de nosotros mismos es fundamental. Nos posibilita saber cuáles son nuestras fortalezas, debilidades, que es lo que nos motiva a realizar una determinada actividad, porque nos capacitamos o porque deseamos ejercer una determinada actividad.

Todo este proceso nos aporta una serie de ventajas, de las cuales destacan dos:

- La posibilidad de reforzar nuestra autoestima
- Poder identificar claramente cuáles podrían ser nuestros intereses laborales.

En el primer caso, te ayudará a desarrollar una valoración positiva de ti mismos. En el segundo caso, te facilitará el trazado de un plan de acción para conseguir tus objetivos, generando un aumento de posibilidades de lograrlo.

Otra ventaja es que, si conoces tus habilidades y tienes claro tu objetivo, enfocarás la búsqueda de empleo de manera directa hacia las empresas adecuadas.

No se trata de enviar currículums a cada oferta que veas, se trata de identificar dónde quieres trabajar y dónde tus competencias podrían ser valoradas y tus valores podrían complementarse con los valores de la empresa.

Finalmente, el poder conocernos nos permitirá reconocer los aspectos que necesitamos trabajar para seguir avanzando hacia la concreción de nuestros objetivos personales y/o profesionales.

¿Por qué es difícil el autoconocimiento, conocerse a uno mismo?

- Dificultades de léxico o encontrar aquellos adjetivos que, en su combinación, nos hace únicos.
- Dificultad para aceptar que el conocerse a sí mismo es imprescindible para encontrar el trabajo adecuado
- Dificultad de discernir lo que es realidad a lo que es ficción sobre uno mismo. A veces, el discurso sobre uno mismo tiene más que ver con un discurso creado sobre base no real, pero sí deseado. Hay dos tendencias en este sentido:
  - **Infravalorarse**. A muchas personas les cuesta poner énfasis en sus puntos positivos, en sus habilidades y sus conocimientos
  - **Sobrevalorarse**. También ocurre lo contrario, hay quienes se creen capaces de tareas para las que no están preparado.
- Falta cultura del autoconocimiento. Nuestra cultura no está acostumbrada a la reflexión sobre nuestro ser y mejora de este. Actuamos continuamente sin reflexionar sobre quiénes somos y cómo somos.
- No siempre es fácil pensar sobre uno mismo. A veces ocurren problemas de aceptación de la persona, por lo que se evita pensar en sí mismo.

4.3. Autoestima

La **autoestima** es la valoración, percepción o juicio positivo o negativo que una persona hace de sí misma en función de la evaluación de sus pensamientos, sentimientos y experiencias.

Tener una buena autoestima nos ayuda a tener más confianza en nosotros mismos, estar más seguros de nuestras decisiones y valorarnos más frente a los demás. Nos afecta en todos los ámbitos de nuestra vida trabajo, familia, ocio, relaciones, etc.

La autoestima en el ámbito laboral es la percepción que cada uno tiene del desempeño de su trabajo y se suele medir en base a lo que una persona cree que hace y lo que debería hacer. No está relacionado con los conocimientos o capacidades, sino con el sentimiento que uno mismo tiene sobre su propio trabajo.

Una persona que considera que desarrolla su trabajo con éxito tendrá una autoestima alta, sin embargo, si considera que su trabajo no es lo suficientemente bueno disminuirá la confianza en sí mismo, generando una autoestima baja que terminará afectando a la calidad y cantidad de trabajo.

Cuando nos quedamos desempleados, nuestra autoestima se debilita ya que tendemos a sentirnos identificados con nuestros trabajos, o las tareas que desempeñamos. Al perder el trabajo, sentimos que hemos perdido nuestra identidad personal. Por este motivo, muchas personas que se encuentran en esta situación suelen experimentar sentimientos de tristeza y apatía.

Además, suele aparecer otro tipo de sentimientos como ansiedad y estrés por pensar que no volverá a conseguir empleo o miedo al rechazo ya que al tener dañada la autoestima, se adoptan conductas dañinas que empeoran la situación.

Algunos pensamientos que pueden surgir y que son enemigos de una autoestima sana, son pensamientos distorsionantes de la realidad, catastrofistas y generalizadores, elaborando un diálogo interior negativo con frases del tipo: con la crisis que hay me será imposible encontrar trabajo, con la edad que tengo, no voy a conseguir nunca más un trabajo, no conseguiré ninguna entrevista porque hay muchas personas mejores que yo, ahora ya no es como antes, necesitas saber de todo, yo no valgo para esto.

Es totalmente natural que esto suceda, lo más importante es tomar conciencia de ello y aceptar que puede ocurrirnos a cualquier persona, ya sea de forma puntual o más prolongada. Una baja autoestima es uno de los peores enemigos en cualquier momento, y en un proceso de búsqueda de empleo, todavía más.

Se puede cuidar la autoestima durante la búsqueda de empleo de la siguiente manera:

- Mantente activo, continua con tus rutinas, mantén el contacto con tus familiares y amigos, continúa practicando tus pasatiempos. Evita aislarte.
- Establece un horario para tu búsqueda de empleo tal como si de un horario laboral se tratase.
- Aprovecha este parón en tu vida laboral para formarte, actualizar tus conocimientos para cuando vuelvas al mercado laboral.
- Refuerza tus contactos. Es el momento indicado para ampliar tus redes de contacto.
- Invierte tiempo en autocuidados. Sal a caminar, tomate unas horas al día para relajarte, si te apetece puedes sacar libros de la biblioteca. Mantén una dieta sana y duerme las 8 horas recomendadas.
- Si sientas que la situación te sobrepasa, pide ayuda. Está bien no poder con todo, no tengas vergüenza en pedir apoyo profesional.
- Busca orientación laboral. Te mantendrá conectado con lo que está pasando en el mercado laboral y aprenderás sobre algunas herramientas que pueden serte útiles.

Si te enfocas en lo positivo y puedes relativizar la importancia de esta situación estarás ayudando a que tu autoestima se mantenga fuerte y esto repercutirá favorablemente para enfrentar la búsqueda de empleo con templanza.

4.4. Autoconfianza para la toma de decisiones

La confianza es la creencia en algo o en alguien y a la seguridad en uno mismo y en sus propias posibilidades y capacidades.

Mantener la confianza y acertar en las decisiones en pleno proceso de búsqueda de empleo resulta una ardua tarea, especialmente cuando dicha situación se prolonga en el tiempo.

La autoconfianza se gana tomando decisiones. Dirigir nuestra vida nos da un gran poder, además de hacernos sentir con mayor control. Actuar en congruencia con lo que somos, con lo que sentimos, es la mejor manera de alimentar nuestra autoestima. Desde que nos levantamos y hasta que volvemos a la cama, pasamos la mayor parte del tiempo tomando decisiones: decidimos qué desayunar, cómo vestirnos, el medio de transporte para ir a trabajar, etc.

Algunas decisiones son más conscientes e implican un proceso más elaborado. Otras, en cambio, operan más a nivel inconsciente, automático, como, por ejemplo, ponernos las zapatillas al levantarnos. Todas ellas marcan nuestro día a día y, además, repercuten directamente en nuestro estado de ánimo.

Tendemos a infravalorar el poder que puede llegar a tener este proceso y a veces incluso delegamos en otros la elección de una u otra opción.

Esto puede pasar por diferentes opciones: miedo al fracaso, no querer asumir la responsabilidad de las consecuencias, desconfianza o inseguridad hacia nosotros mismos, mayor confianza en lo que pueda hacer la otra persona, etc.

De lo que no nos damos cuenta es de que esto poco a poco nos va rebajando la autoestima y, a su vez, aumentamos la dependencia, con lo que progresivamente nos hacemos pequeños, pudiendo precipitar síntomas depresivos o de ansiedad.

Además, al no atrevernos a elegir o decidir, fomentamos dudar y sentirnos inseguros en situaciones futuras, esperando a que sean los demás los que lo hagan, y adoptando actitudes de pasividad.

A continuación, se explica cómo trabajar la autoconfianza:

- Enfócate en tus logros. Puedes llevar un diario de éxito o logros, para revisarlos regularmente y así dirigir a tu subconsciente hacia lo que quieres potenciar.
- Permítete equivocarte, deja de juzgarte y/o autoexigirte. Si cometes algún error o fracaso, piensa que es un aprendizaje, y que la próxima vez será mejor, porque ya tienes la experiencia.
- No te compares con las demás personas. Una cosa es fijarse en alguien para tenerle como referencia, y otra, compararse con esa persona. Cada persona es única en forma de ser, en sus fortalezas, en sus puntos de mejora, en hábitos.
- Acéptate tal y como eres. Es el primer paso para convertirte en la persona que quieres ser
- Acepta la crítica constructiva, puede ayudarte a crecer y desarrollarte.
- Sé consecuente con las decisiones que tomas. La coherencia ayuda a tener más autoconfianza
- Afronta tus miedos. Los miedos pueden empujarte a perder confianza, así que debes afrontarlos y gestionarlos, ya que te ayudará mucho a volver a confiar en ti.

4.5. Motivación

La motivación se puede definir como la determinación o voluntad que impulsa a la persona a hacer determinadas acciones o comportamientos para alcanzar un determinado objetivo.

La automotivación es la motivación que uno consigue a partir del conocimiento de su funcionamiento y de sus causas. Es decir, hablamos de automotivación cuando uno mismo planea regular la fuerza que le empuja a actuar, a partir del conocimiento que tiene sobre sí mismo.

En este sentido y llevando el término a la práctica, se trata de una actividad consciente, de un sujeto reflexivo, que procura ser el agente de su conducta.

La automotivación requiere de un proceso que tiene, al menos, los siguientes componentes:

- **Objetivos claros**. La automotivación se nutre de metas bien definidas, tanto a mediano como a largo plazo.
- **Un plan para lograrlos**. La automotivación se alimenta de la conciencia que se tenga sobre cómo lograr los objetivos.
- **Acción con decisión**. Es indispensable que se actúe para lograr los propósitos. La acción hace la diferencia.

A continuación, se expone cómo puedes mantener la motivación durante la búsqueda de empleo:

- Establecer metas realistas y alcanzables.
- Mantener una actitud positiva.
- Ten una buena organización y genera una rutina para buscar empleo.
- Aceptar los estados de ánimo.
- Prestar atención a tu lenguaje interno. Lo que te dices afecta a tu actitud y esta a los resultados que obtienes. No se trata de ser hiper optimista, se trata de ser inteligente y tener pensamientos y creencias que te ayuden en tus objetivos.
- Rodearse de personas que te apoyen y te motiven.
- Celebra tus logros, por pequeños que sean.
- Mantén un equilibrio entre tu búsqueda de empleo y tu vida personal
- No permitas que un rechazo te desequilibre. Por el contrario, úsalo para aprender.
- Ocúpate. No te preocupes, no sirve de nada.

Por otro lado, la actitud es la forma en que te enfrentas a la realidad, tu predisposición ante la vida, tu forma de hacer las cosas. Como en otros ámbitos de la vida, también en el proceso de búsqueda de empleo, la actitud que mantengas influirá en los resultados que obtengas.

"La actitud es una pequeña cosa que hace la gran diferencia" Winston Churchill.

Si estás buscando trabajo, es muy importante que esa actitud sea positiva y optimista ante todo ya que se refleja en cada parte de esa búsqueda: la elección de ofertas, las visitas a ferias de trabajo, el Networking o las entrevistas de trabajo.

Ejemplos de una actitud positiva a la hora de afrontar una búsqueda de empleo son:

- La responsabilidad que le dedicamos a la tarea.
- La formalidad con la que la realizamos los procesos de búsqueda y material necesario.
- El autocontrol que tenemos tanto emocional como conductual.
- La capacidad de comunicación y las habilidades sociales que tengamos desarrolladas.
- La creatividad e iniciativa que pongamos en marcha.
- La motivación personal y profesional, las motivaciones son variadas y únicas de cada persona, lo importante es contar con ellas.
- Las habilidades y capacidad resolutivas, ser más empáticos y abiertos a la escucha.
- Ambición profesional, deseo de mejorar. Nos proporcionará una motivación extra que se refleja en la actitud de una forma muy directa.
- La tolerancia, tanto a la frustración que pueda ir surgiendo como a las demás personas y nosotros mismos.

A continuación, se explica qué debes evitar a la hora de buscar empleo:

- **La queja constante**. Refugiarte en el lamento continuo no te beneficia en absoluto. La queja da lugar al consuelo y al desahogo, pero no soluciona el problema e impide tomar la responsabilidad de dedicarte a la tarea.
- **Autocrítica negativa**. No te reproches y/o critiques, ya que destruyes tu confianza. Acuérdate de todos los logros que has conseguido.
- **Pasividad o apatía**. Puedes cansarte, frustrarte o rendirte en el proceso de la búsqueda de empleo. Márcate objetivos, evalúa resultados, planifica tu búsqueda.
- **Aprende de tus fracasos**. Los errores son una oportunidad para mejorar y aprender.

4.6. Mindfulness en tu búsqueda de empleo

El mindfulness, también conocido como atención plena, es un estado que tiene que ver con una determinada forma de prestar o enfocar nuestra atención hacia aquello que vivimos.

Al practicar mindfulness durante tu búsqueda de empleo, puedes reducir el estrés, mejorar tu bienestar emocional y aumentar tu capacidad para tomar decisiones informadas y efectivas.

Fig. 13. Practicar el mindfulness ayuda a mantenerse enfocado en un objetivo

Cuando se comienza a practicar mindfulness, se descubre paulatinamente que podemos cultivar la capacidad de dirigir la atención hacia aquello que nos conduce a una vida más centrada.

Aunque parece sencillo, lo cierto es que resulta complicado y, como el aprendizaje de cualquier habilidad, requiere de tiempo y práctica. Se ha demostrado científicamente que esta técnica es una de las más efectivas para el desarrollo de la inteligencia emocional, dado los beneficios que pone de manifiesto su aplicación.

Algunos de los beneficios son los siguientes:

- Mejora el autoconocimiento.
- Reduce el estrés.
- Ganamos en coherencia y estabilidad emocional.
- Recuperamos la confianza en nosotros mismos y en los demás.
- Mejora nuestra comunicación.

Algunas formas de incorporar mindfulness en tu búsqueda de empleo:

- **Practica la conciencia plena en la respiración**: Toma unos minutos al día para practicar ejercicios de respiración consciente. Concéntrate en tu respiración, observando cómo entra y sale el aire de tu cuerpo. Esto te ayudará a calmarte y a centrarte antes de abordar cualquier tarea relacionada con la búsqueda de empleo.

- **Observa tus pensamientos y emociones**: Durante la búsqueda de empleo, es normal experimentar una variedad de pensamientos y emociones, como ansiedad, estrés o dudas sobre tus habilidades. En lugar de reprimir estas emociones, obsérvalas con curiosidad y compasión. Reconoce tus pensamientos y emociones sin juzgarlos y luego déjalos ir.

- **Establece intenciones claras**: Antes de comenzar cualquier actividad relacionada con la búsqueda de empleo, establece una intención clara para ese momento. Pregúntate a ti mismo qué esperas lograr y cómo te gustaría sentirte durante esa actividad. Esto te ayudará a mantenerte enfocado y comprometido con tus objetivos.

- **Practica la atención plena en las tareas**: Cuando estés buscando empleo, trata de mantener tu atención plena en la tarea en cuestión. Por ejemplo, cuando estés revisando ofertas de trabajo, concéntrate completamente en leer la descripción del trabajo y evaluar si es adecuada para ti. Evita distraerte con otros pensamientos o preocupaciones.

- **Haz pausas conscientes**: A lo largo del día, tómate pequeñas pausas para desconectar y recargar energías. Durante estas pausas, practica la atención plena realizando actividades que te ayuden a relajarte y a estar presente en el momento, como dar un paseo corto, meditar o simplemente respirar conscientemente.

- **Cultiva la gratitud**: A pesar de los desafíos de la búsqueda de empleo, tómate el tiempo para reconocer y apreciar las cosas positivas en tu vida. Cultivar la gratitud te ayudará a mantener una actitud positiva y a enfocarte en lo que realmente importa.

- **Acepta la incertidumbre**: La búsqueda de empleo puede ser un proceso lleno de incertidumbre y cambios. Practica la aceptación de la incertidumbre y confía en que las cosas se desarrollarán como deben ser. En lugar de preocuparte por el futuro, enfócate en el presente y en las acciones que puedes tomar en este momento.

Resumen

En este módulo, se aborda el proceso completo de búsqueda de empleo, desde la creación del currículum hasta la gestión emocional durante el proceso.

En primer lugar, se definen conceptos como el autoconocimiento personal, identificación de capacidades y competencias, establecimiento de objetivos profesionales y la creación de un perfil profesional atractivo. Además, se explican los diferentes tipos de currículums y se presentan herramientas como Canva para la creación de currículums creativos.

Por otro lado, se detalla cómo redactar una carta de motivación efectiva y cómo utilizar las redes sociales y el networking para la búsqueda de empleo.

Además, se examinan los diferentes tipos de entrevistas, desde las más tradicionales hasta las técnicas. También se describen los aspectos clave previos a la entrevista y se establecen algunas pautas para el desarrollo efectivo de la entrevista de selección.

Finalmente, se profundiza en la importancia de gestionar las emociones durante la búsqueda de empleo, incluyendo el autoconocimiento, la autoestima, la autoconfianza, la motivación y el mindfulness como herramientas para mantenerse equilibrado y enfocado durante todo el proceso de búsqueda de empleo.

Glosario

Autoconocimiento

Comprender tus propias habilidades, intereses, valores y metas profesionales para tomar decisiones informadas sobre tu carrera.

Autoestima

La confianza y el aprecio que tienes por ti mismo, lo cual influye en tu capacidad para enfrentar los desafíos de la búsqueda de empleo con seguridad y determinación.

Carta de motivación

Un documento en el que expresas tu interés en una oportunidad de empleo específica, resaltando tus habilidades, experiencia y motivaciones para el puesto.

Competencias

Conjunto de habilidades, conocimientos y atributos personales que te hacen apto para realizar una tarea o función laboral de manera efectiva.

Currículum

Un documento que resume tu experiencia laboral, educación, habilidades y logros, utilizado para solicitar empleo.

Entrevista

Un proceso en el que te reúnes con un empleador potencial para discutir tu idoneidad para una posición y para aprender más sobre la empresa y el puesto.

Entrevista de trabajo

Un encuentro formal entre un candidato y un empleador, donde se evalúa la idoneidad del candidato para el puesto.

Motivación

La energía y la determinación que impulsa tus acciones y decisiones durante la búsqueda de empleo y en tu carrera profesional.

Mindfulness

Práctica de la atención plena que te ayuda a mantener la calma, la claridad mental y el enfoque durante la búsqueda de empleo, reduciendo el estrés y la ansiedad.

Networking

La práctica de establecer y mantener relaciones profesionales con personas que pueden ayudarte en tu búsqueda de empleo, brindarte consejos o recomendarte para oportunidades laborales.

Objetivo profesional

Declaración breve que describe el tipo de trabajo que estás buscando y tus metas profesionales a corto y largo plazo.

Videocurrículum

Un currículum en formato de video que te permite presentar tus habilidades, experiencia y personalidad de manera dinámica y visual, utilizado como complemento o alternativa al currículum tradicional escrito.